JN222604

数学×会計

カケル

数学的素養で
会計理解に
差をつける！

コンサルタント・公認会計士

金子 智朗 著

税務研究会出版局

はじめに ～ 今, なぜ, 数学か ～

「金子先生, 数学と会計について書いていただけませんか?」

それは普段から懇意にさせていただいている税務研究会の方からのメールでした。それが, 同社の「企業懇話会」の会員サイトで, 数学と会計について私が連載するきっかけとなったメールでした。本書は, その連載を元に書籍化したものです。

聞けば, データサイエンスやAIの書籍に触発された (煽られた?) 方から,「これからは経理系人材も数学的素養が求められるのではないか」「ついては, 会計に必要な数学を取り上げてくれませんか?」という要望があったそうです。それで, 元々理系人間であった私に白羽の矢が立ったようで,「金子先生, 数学と会計について書いてください!」と依頼があったのでした。

この出版社の方は日頃からいろいろと面白いアイデアを出す方なのですが, このときはあらためて「よくもまぁそんな斬新なことを思いつくものだなぁ」と感心したものです。

実はこの要望は私の問題意識と非常に合致していました。「数学ができないから文系」という典型的な進路選択をする文系日本人の多くは, 高校生のかなり早い段階で数学を捨て去りますが, 私はかねてより「数学を捨てていいと誰が言った?」と折に触れて言ったり書いたりしてきたのです。

ガリレオが「宇宙は数学という言語で書かれている」と言ったように，数学は言語です。自然科学はもちろん，数字に関することの多くは，100の言葉よりもたった1つの数式の方が雄弁に，しかも本質を語ってくれるのです。言語である数学は，少なくとも英語と同じくらい勉強するべきなのです。

　社会科学で数字を扱う分野と言えば会計です。特に，経済合理性を重視する管理会計では数学の素養は必須です。損益分岐点を求めるためには一次方程式が解けなければなりませんし，固変分解の1つである最小二乗法ではシグマや微分が使われています。投資の評価で使われるNPVやIRRは等比数列です。さらに，M&Aなどで必要とされるコーポレート・ファイナンスは統計学を中心とする数学で書かれています。つまり，「ファイナンスは数学という言語で書かれている」のです。

　かつては「財務会計は算数，管理会計は数学」と言えましたが，現在はそれも当てはまりません。簿記程度の話であれば確かに足し算・引き算でほとんど事足りますが，現在の会計基準には数学の考え方が非常に入り込んできています。償却原価法，リース，固定資産の減損，退職給付会計，公正価値概念と，枚挙にいとまがないくらいです。

　この傾向は，日本の会計基準が国際化の波にもまれるようになってから強まった気がします。それは，欧米人が言うところの「経済合理性」とは，数学的に妥当性を持つことを意味することが多いからです。私は多くの局面でそれを強く感じます。

　日本の現状を顧みると，かなり厳しいものがあります。私が管理

会計のセミナーで損益分岐点の話をすると「今日のセミナーは難しかった」という感想を書かれることがしばしばあります。それは損益分岐点が難しかったのではなく，そこで使った数学が分からなかったのです。人生のかなり早い段階で数学を捨ててしまったツケが回ってきているのです。

　ただ，数学を捨てたくなった気持ちも分からないわけではありません。数学が苦手な人にその理由を聞くと，「抽象的で何に役立つか分からなかったから」と言う人が少なくありません。それはごもっともな理由です。訳も分からず抽象的なことを勉強させられても身が入るわけがありません。これは学校教育全般に共通する大きな課題かもしれません。

　本書はPart I と Part II の2部構成になっています。元々の連載の内容はPart II の方です。こちらでは，会計のどういう所でどういう数学が使われるのか，そのためにはどういう数学を理解しておくべきなのかということを，可能な限り根本的なところから解説することを試みています。

　そこでは数学があまりお得意でない方にも理解しやすいように，数学の流れの方を重視しています。そのため，会計の内容の方はランダムであり，網羅的でもありません。

　そのような書き方は会計のことを既に知っている読者にとってはいいかもしれませんが，会計に明るくない読者にとっては，会計の内容が断片的すぎて分かりにくいかもしれません。そこで，この度の

書籍化に当たっては，会計の基礎を広く薄く解説したPartⅠを新たに書き加えました。

　会計について既に一定の知識をお持ちの方にとっても，PartⅠはそれなりに面白い内容ではないかと思いますが，基本的には会計を既にご存じの方はPartⅠは読み飛ばしていただいて結構です。もしくは，PartⅡで出てくる内容を確認したいときに，辞書的に使っていただくのもいいでしょう。

　最後になりますが，本書のきっかけとなった冒頭のメールを送ってきてくださった税務研究会の金平伸一氏，書籍化にご尽力いただいた同・上野恵美子氏，そして連載を通して難しい数学に懲りずにお付き合いくださった同社の方々に感謝いたします。

令和6年11月吉日

金子 智朗

CONTENTS

本書の内容は、株式会社税務研究会「企業懇話会」のサイトで、『シン・数学×会計』（2022年9月〜2024年4月）、『Q＆A：ベーシック会計』（2024年11月〜2025年1月）として連載された内容に加筆したものです。

会計の基礎

MATH × ACCOUNTING

1 そもそも会計とは何か

● 会計の種類　～財務会計と管理会計

　「会計」と一言で言っても，実は会計には大きく分けて2種類の会計があります。**財務会計**と**管理会計**です。この2つの会計の違いを理解しておくことは重要です。

　財務会計は，制度に基づき決算書を作成するための会計です。会計と言えば「決算書」というイメージだと思いますので，財務会計とは，「会計」と言われて多くの人がイメージする会計，「ザ・会計」と言っていいでしょう。

　管理会計は，英語ではManagerial Accounting や Management Accountingと言います。managerial は management の形容詞です。このmanagement に「管理」という日本語を充てたので日本では昔から「管理会計」と呼ばれていますが，これは「マネジメント（＝経営）のための会計」ということです。

　財務会計と管理会計を一言で言えばこうなりますが，これだけではちょっとピンと来ないかもしれませんので，もう少し違いを説明してみましょう。

　世界初の株式会社は，1600年にイギリスが香辛料などの東方貿易のために設立した東インド会社です。ヨーロッパから東南アジアまでの長距離に渡る航海は，当時は非常にリスクが高く，無事帰って来られる可能性は決して高いものではありませんでした。一方で，航海に必要な資金は多額に上りますが，そんなリスクの高いビジネスに1人で多額の資金を出す人などいません。

　そこで東インド会社では，それまで一致しているのが当たり前だった所有

と経営を分離し，出資額を小口化し，経営に携わらない人が少額の出資をできるようにしました。そうすれば，仮に航海が失敗しても，個々の出資者が受ける被害は最小限で済みますから，資金を出しやすくなります。1人の出資額は少額でも，多数の人から資金を調達できるので，多額の資金調達が可能です。こうして，東方貿易というリスクの高いビジネスにおいて多額の資金を調達することを可能にしたのです。正に，現在の株式会社の原型です。

リスクは分散されたとはいえ，出資者となるのは貴族などのそれ相応の人たちが多かったと思います。お金を出した貴族たちは，乗組員たちが東方貿易を成功させ，出資額以上のお金を返してもらうことを期待しています。

しかし，港を出てしまえば乗組員たちは出資者である貴族の目の届かないところに行ってしまいます。長い航海です。もしかしたら，寄る港寄る港で酒を買いあさり，ギャンブルに明け暮れているかもしれません。

それでは困るので，貴族たちは乗組員たちに航海中のお金の出入りを記録させ，港に戻ってきたら貴族に報告させる仕組みを作り，乗組員たちに課しました。

これが財務会計です。

現在も，行われていることは基本的に全く同じです。現在の会社に置き換えれば，貴族が株主，船長が社長，乗組員が従業員，乗っている船が会社です。

そして，港に戻ってきたときに貴族に対して行う報告が，現在の定時株主総会です。定時株主総会のメインイベントは，決算報告に加えて，剰余金の分配に関して株主の承認を得ることです。剰余金の分配とはいわゆる配当です。配当とは，今までの航海で稼いだ利益を貴族間で山分けすることです。

このために使われる会計が財務会計なのです。ということは，財務会計は港で待っている貴族のための会計ということです。

一方，乗組員たちは，そんな貴族たちとは置かれている立場がまるで違います。乗組員たちはヨーロッパから東アジアまでの長い道中，大海原で戦い続

けている人たちです。たとえば嵐がやって来たら進路を変えるのか，航海そのものを止めるのか，判断しなければなりません。もしくは見知らぬ船が近寄ってきたら真っ向勝負で一戦交えるのか，逃げるのか，仲良くするのか，そういうことも判断しなければなりません。

嵐がやってくるというのはマクロ的外部環境の変化です。見知らぬ船が近寄ってくるというのは，思いもよらなかったライバル企業が出現したようなことです。

そういう変化に常に晒されていて，逐次判断をしなければならないのが乗組員の置かれている立場です。

そういう乗組員にとって有用な情報と，安全な港で結果だけを待っていればよい貴族にとっての情報が同じでいいわけがありません。乗組員には乗組員ならではの情報が必要なはずです。

それが管理会計です。

ですから，管理会計は乗組員のための会計です。乗組員にとって，海図や羅針盤となる会計なのです。

財務会計は「外部報告目的の会計」，管理会計は「内部経営管理のための会計」と言われることがあります。それぞれ，「港で待っている貴族のための会計」，「乗組員のための会計」というのを堅苦しく言った言い方ということです。

▌会計基準の存在意義

会計は会計基準というルールに縛られているイメージが強いと思います。会計基準に縛られるのは財務会計です。管理会計には「基準」のような強制力を持つルールはありません。

これも，2つの会計の意味を考えればすぐに分かります。

「財務会計は港で待っている貴族のための会計」ということの現在における

意味は，株主や投資家がその企業の株を購入したり売却したりすることを判断するために使われる情報だということです。

　もし，その情報が企業ごとに異なるルールで作成されていたら，同じ「売上高」という文言であっても数字の意味は全く異なる可能性があります。それでは，株主や投資家は他の企業と比較してどちらの株を買ったり売ったりしたらいいのか判断できません。

　ですから，財務会計は，会計基準という同じルールに皆が従う必要があるのです。そこで最も重要なのは一律性です。

　それに対して，管理会計はマネジメントのための会計です。マネジメントのためというからには，競争力に役立たなければ意味がありません。競争力の源泉は，人と違うことをやることです。

　これは一律性とは対極にあります。ですから，管理会計は会社の数だけあっていいし，むしろ会社の数だけあるべきなのです。

　会計基準に限らず，およそこの世に存在するルールというものは，いろいろな思惑を踏まえて作られた人為的なルールなので，そこには必ずしも論理的な根拠は存在しません。「とにかくそうなんだからそうしろ」という類のルールの方が多いと言えます。

　しかし，管理会計は違います。マネジメントで重要なのは意思決定です。意思決定は論理的な分析に基づかなければなりません。ですから，管理会計には数学がよく登場します。

▌国際会計基準という黒船

　管理会計に比べれば，財務会計は算数です。少なくとも，決算書の作成で使うのは足し算と引き算くらいです。

　しかし，財務会計も状況が変わってきました。その大きな理由は国際会計基準（国際財務報告基準）です。英語では，IFRS（International Financial

Reporting Standards）と言われるものです。

　一般的に，国が違えばルールは違います。国によって歴史的・文化的背景も違いますし，考え方も違いますので，会計制度が国ごとに存在することは自然なことです。

　しかし，経済活動が国を超え，ボーダレス化が進んでくると，会計制度が国によって異なることの弊害の方が大きくなってきました。企業以上に困るのは投資家です。投資家は，外国人投資家に対する規制でもない限り，国籍に関わらずどこの国の企業の株も買えます。そのとき，会計制度が国によって異なっていたら企業間比較ができません。

　そこで，全世界で共通に使われることを目指して誕生したのがIFRSなのです。

　IFRSの特徴は大小さまざまありますので，人によって捉え方も説明の仕方も違うと思いますが，私が思っている大きな特徴の一つは，個々の基準が演繹的に作られていることに伴う理屈っぽさです。

　一般的に，法制度というものは現実の後追いで帰納的に作られるのが普通です。ボトムアップと言ってもいいでしょう。たとえば，SNSの普及によって今までになかった誹謗中傷や詐欺が発生するようになったという現実に対して新たな法律が作られる，デリバティブや暗号資産のような金融商品が出てきたという現実に対して新たな会計基準が作られるという順番です。

　会計基準も従来はそうでしたが，IFRSに関してはそういう帰納的な作り方ができません。なぜならば，全世界共通の会計基準を目指すIFRSは，どこか特定の国の商慣行を前提にするわけにはいかないからです。

　そのため，IFRSは「概念フレームワーク」と呼ばれる原理原則を最上位に置き，それと論理的整合性が保たれるように個々の会計基準をトップダウン的に作っています。個々の会計基準の拠り所は原理原則に対する論理的整合性しかありません。

論理的整合性を担保する手段として，数学がしばしば使われているのです。原理原則を頂点として個々の会計基準が組み立てられていること自体，さながら数学の定義と定理のような関係ですが，個々の会計基準の理論的根拠としても数学が使われています。だから，全体的に理屈っぽいのです。数学に理論的根拠を求めるというのは，従来の財務会計にはあまり見られなかったことです。

欧米において「経済合理的」とは，数学的に妥当性を持つことを意味することが多いので，財務会計もその例外ではないということなのでしょう。

会計基準の世界的動向

IFRSは，2005年にEU諸国に強制適用されたのを皮切りに世界中で急速に採用が進み，EU諸国の他，カナダ，オセアニア，中国，インド，韓国，ASEAN諸国，アフリカ諸国など，世界の主要国のほとんどがIFRSを採用するに至っています。アメリカはIFRSを採用していませんが，現在，米国基準とIFRSの統合が進められているので，アメリカはもっと高い次元でIFRSを採用していると言えます。

日本は，「強制はしませんが，使いたければどうぞ」という任意適用を認めるに留まっています。これは，日本がアメリカの動向ばかり気にして全く主体的に決めてこなかった結果です。

この状況は，制度としては本来あってはならない状態です。制度というのは，良し悪しや好き嫌い以前に皆が同じルールに従うという一律性に最大の意義があるからです。

このような結果，世界中がIFRS語を喋っている状況において，**ちゃんとIFRS語を喋っていない世界の主要国は日本だけ**ということになっています。

日本において，2024年10月時点でIFRSを採用している企業は，上場企業

の10％もありません。それだけ聞くと，日本におけるIFRSの影響は極めて限定的に思えるかもしれませんが，実はそうではありません。知らないうちに，IFRSの考え方が日本基準に入り込んできているのです。実際，最近の日本基準の改正は，ほとんどがIFRSに近付けるための改正と言えます。日本基準自体がもう既に相当IFRS化しているのです。

「そんなことなら，国としてIFRSを全面的に採用すればいいのに」と思いますが，それはさておき，日本のすべての企業は知らない間にIFRSの影響を強く受けているということです。

それは，日本においても，「財務会計は算数」とは言っていられなくなっているということです。

2　まずはカタチから入りましょう

1　決算書とは

決算書？財務諸表？計算書類？

ここでは，財務会計で用いられる決算書について見ていきましょう。

決算書は制度的には「財務諸表」と呼ばれることが多いと思います。この言葉は金融商品取引法に出てくる言葉です。

金融商品取引法は主に上場企業に関係する法律ですから，「財務諸表」は上場企業でよく使われる言い方です。

「決算書」の制度的な言い方には「計算書類」という言葉もあります。こちらはちょっと馴染みが薄いかもしれません。この言葉は会社法に出てくる言葉です。

会社法とは，その名の通り，すべての会社に関係する法律です。株式会社に限らず，合名会社，合資会社，合同会社という，およそ現在設立可能なすべての会社が遵守すべき法律です。したがって，実は「計算書類」という言い方の方が「財務諸表」より汎用的な言い方です。

根拠となる法制度はさておき，一般の方にとって重要なことは，「決算書」「財務諸表」「計算書類」は基本的にいずれも同じものを指しているということです。どこまでの表を含むかで少々違いはありますが，いずれも中心となるのは貸借対照表と損益計算書という２つの表です。

決算書を見てみよう

それでは具体的な決算書を見てみましょう。　**図表 1-1**　は，株式会社日立

製作所の貸借対照表と損益計算書です。

　ちなみに、 図表1-1 では「2023年3月期」と書かれていますが、これは「2023年3月で終了する事業年度」、すなわち「2022年4月から2023年3月までの事業年度」という意味です。日常的には「2022年度」と言うことが多いと思いますが、専門家は「2023年3月期」という言い方をすることの方がむしろ多いと思います。それは、日本においては事業年度の終了月を自由に決められるため、それを明確にしたいという考えの表れです。

　また、「単体」とあるのは、子会社等を含まない株式会社日立製作所単体という意味です。

図表1-1（a） 日立製作所の決算書（2023年3月期，単体）貸借対照表

（単位：百万円）

資産の部		負債の部	
流動資産		流動負債	
現金及び預金	32,916	電子記録債務	10,613
売上債権及び契約資産	591,333	買掛金	262,665
短期貸付金	75,124	短期借入金	143,730
棚卸資産	125,597	未払金	22,393
前渡金	26,266	未払費用	181,803
その他	177,759	工事損失引当金	37,272
貸倒引当金	△8,807	その他	816,009
流動資産合計	1,020,191	流動負債合計	1,474,485
固定資産		固定負債	
有形固定資産		社債	130,000
建物	95,950	長期借入金	750,378
機械及び装置	6,744	退職給付引当金	75,212
工具、器具及び備品	41,546	その他	173,784
土地	23,430	固定負債合計	1,129,374
その他	24,935	負債合計	2,603,860
有形固定資産合計	192,605	純資産の部	
無形固定資産		株主資本	
特許権	41	資本金	462,817
ソフトウエア	91,579	資本剰余金	254,133
その他	5,318	利益剰余金	2,502,632
無形固定資産合計	96,938	自己株式	△3,539
投資その他の資産		株主資本合計	3,216,044
投資有価証券	244,722	評価・換算差額等	119,359
関係会社株式	3,849,069	新株予約権	1,233
長期貸付金	362,011	純資産合計	3,336,637
その他	175,098	負債純資産合計	5,940,498
貸倒引当金	△137		
投資その他の資産合計	4,630,763		
固定資産合計	4,920,307		
資産合計	5,940,498		

（有価証券報告書を元に一部集約）

図表1-1（b） 日立製作所の決算書（2023年3月期，単体）損益計算書

（単位：百万円）

売上高	1,631,338
売上原価	1,173,314
売上総利益	458,023
販売費及び一般管理費	
給料諸手当	85,823
退職給付費用	9,283
減価償却費	5,796
外注経費	71,548
研究開発費	71,752
その他	125,797
販売費及び一般管理費合計	369,999
営業利益	88,023
営業外収益	
受取利息及び受取配当金	292,812
その他	20,008
営業外収益合計	312,820
営業外費用	
支払利息	14,185
その他	31,939
営業外費用合計	46,125
経常利益	354,719
特別利益	
関係会社株式売却益	687,447
投資有価証券売却益	12,640
不動産売却益	1,363
特別利益合計	701,451
特別損失	
減損損失	12,091
関係会社株式評価損	9,556
関係会社出資金評価損	1,908
投資有価証券評価損	134
特別損失合計	23,690
税引前当期純利益	1,032,480
法人税等	44,533
当期純利益	987,946

（有価証券報告書を元に一部集約）

▌知りたいのは財産の増減

　決算書の中核をなす貸借対照表と損益計算書で知りたいことは，会社が儲かったかどうかです。「儲かる」とは財産が増えることです。

　財産の増減を知るためには財産一覧表を作る必要があります。ある時点で

財産一覧表を作り，一定期間経過後にまた財産一覧表を作れば，その2つを比べることにより財産が増えたのか減ったのかが分かります。

この**財産一覧表が貸借対照表**です。そして，正味財産が増えた状態が「儲かった」状態です。正味財産の増加分が利益です。

これで利益が分かりますから，財産一覧表である貸借対照表さえあればよさそうなものです。では，なぜ損益計算書というもう1つの表が必要なのでしょうか。

ある一時点で作成する財産一覧表は，人間で言えば身長や体重などの体格を表す情報です。ある子供が身体測定で身長を測ったところ100cmだったとしましょう。その子が翌年の身体測定では身長が120cmになっていたとします。この2つの情報から，この子の身長が20cm伸びたことは分かります。その子は1年間でそれだけ成長したということであり，会社であればこれが利益に相当します。

その子の身長が1年間で20cm伸びたことは分かりますが，これだけだと，なぜそれだけ伸びたのかが分かりません。その理由を知るためには，どのような食事をどれだけして，どのような運動をどれだけしてきたのかという，1年間の生活記録が必要です。

この**生活記録に相当する情報が損益計算書**です。損益計算書は，**財産が増減するに至った一定期間のプロセス**を記録したものなのです。

決算書は，貸借対照表と損益計算書という2つの表を組み合わせることによって，途中プロセスとその結果という両面から，財産の増減，すなわち利益を捉えられるようになっているのです（ 図表1-2 ）。

なお，株主からの追加出資などによる正味財産の増加分は利益とは言いません。利益とは，あくまでも会社が自らのビジネスで増加させた正味財産の増加分です。

図表1-2 貸借対照表と損益計算書の関係

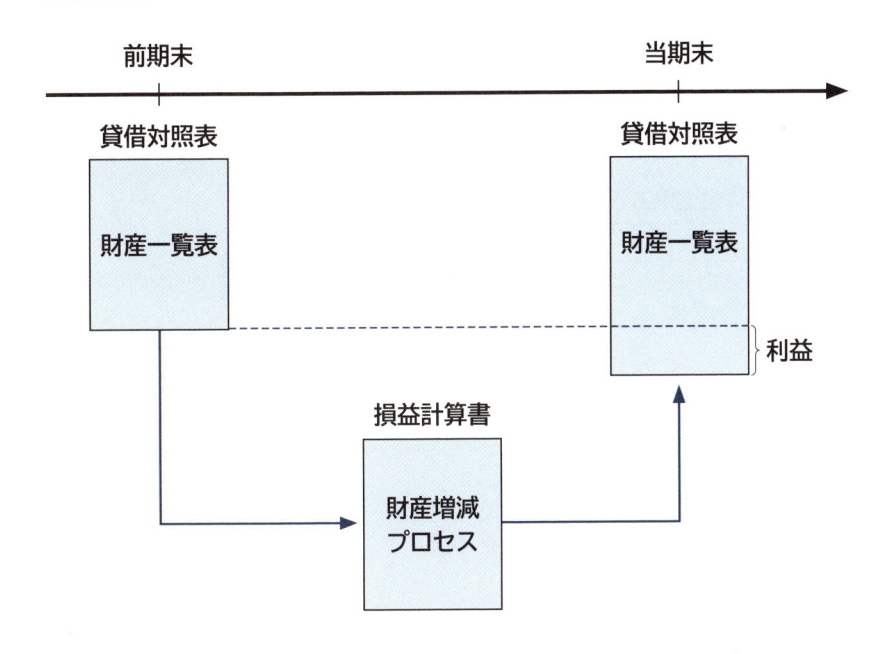

2 貸借対照表の構造

　日立製作所の貸借対照表をあらためて見てみましょう。 図表1-1（a）(10頁参照)の貸借対照表を見ると，2つの表が並んでいます。実際には数ページに渡る表になっていることが多いと思います。数ページに渡る表になっていると一続きの長い表のように見えますが，実はこの2つの表は左右一対の表になっています。さらに，貸借対照表は，縦方向の並びにも意味があります。

　貸借対照表の構造を理解するポイントは，この左右の関係と縦方向の意味を理解することです。

▌左右の関係

まず，左右の関係です（ 図表1-3 ）。

図表1-3 貸借対照表の左右の関係

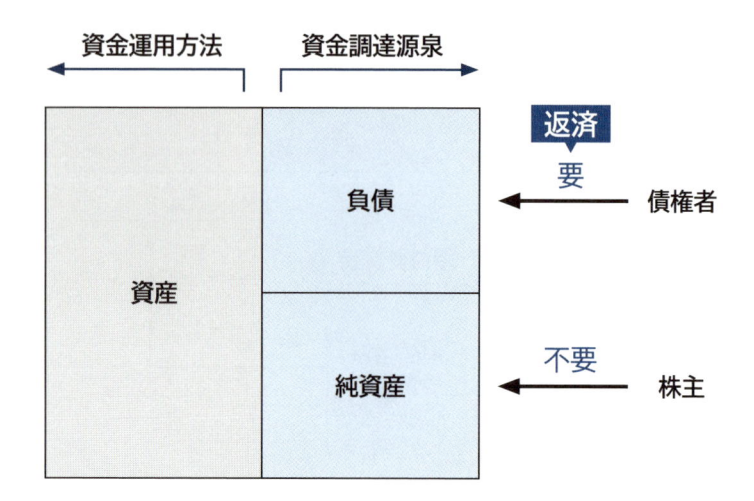

今，起業することを考えてみてください。ビジネスをするためには先立つものが必要ですから，まず元手資金を調達する必要があります。

自分で起業する訳ですから，おそらくまずは自分の貯金を会社に出資するでしょう。それ以外にも近しい人が出資してくれるかもしれません。それでも足りなければ銀行で借りることになるでしょう。

会社の資金調達先は，このように会社に出資してくれる人とお金を貸してくれる人に大きく分けられます。出資してくれた人が**株主**です。お金を貸してくれた人は一般的に**債権者**と言います。

債権者と株主のそれぞれから調達した資金の大きな違いは，会社から見て返済義務があるかないかです。債権者から調達した資金には返済義務があり

ます。これを総称して負債と言います。一方，株主から調達した資金には返済義務がありません。これを総称して純資産と言います。

これらが貸借対照表の右側の情報です。貸借対照表の右側は，会社が元手資金をどこから調達したかという資金調達源泉を表しています。それを返済義務の有無に応じて負債と純資産とに上下に分けています。

起業の話の続きをしましょう。資金調達が終わると，会社は調達した資金を使ってビジネスに必要なものを買い揃えます。たとえば製造業ならば，土地，工場，設備，原材料などが必要でしょう。

これらが貸借対照表の左側の情報です。貸借対照表の左側を総称して資産といいます。いわば，ビジネスに必要な"仕組み"です。貸借対照表の左側は，調達した資金を何に使っているかという，資金運用方法を表しています。簡単に言えば，「調達資金の使途」ということです。

▌なぜ左右一対の形をしているか

貸借対照表の本質は財産一覧表です。実際，　図表1-1（a）　（10頁参照）の左側を見ると，現金及び預金から始まって，いろいろな財産が計上されています。「財産一覧表」と言ったら，普通は貸借対照表のこの左側のイメージだと思います。貸借対照表は，それに加えて，「どこから資金を集めたのか」という資金調達源泉の情報を右側に付け加えた形になっているわけです。

このような形になっている理由は，そもそも財務会計における決算書は誰のための情報かということと密接に関係しています。貸借対照表がこのような形になっているのは，財務会計は，港で待っている貴族，すなわち株主と債権者という資金提供者に対して情報提供するものだからです。

ここでは，最も典型的な債権者として銀行を考えてみましょう。株主と銀行に対する約束は次の通りです。

上記の「正味財産が出資額を上回った分」が利益です。つまり，利益とは，債権者に返済すべき分を控除した後の正味財産が株主の出資額を上回った分であり，それは株主に還元されるものだということです。

そのことが明確に分かるようにするために，貸借対照表は左右一対の形をしているのです。 図表1-4 を使って具体的に説明しましょう。

図表1-4 正味財産と株主からの出資額の比較

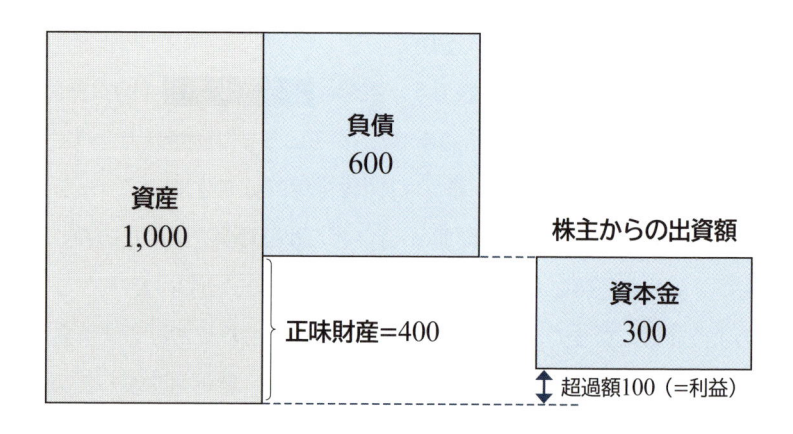

株主からの出資額（資本金）が300，銀行からの借り入れ（負債）が600に対して，ある事業年度終了時に資産が1,000だったとしましょう。資産という会社の保有財産の額だけを見ると，株主からの出資額を大きく上回っている

ように見えます。しかし，銀行に対して600の返済義務がありますから，資産1,000のうちの600は銀行のものです。したがって，資産の1,000から負債の600を引いた400が会社の正味財産です。

これは株主からの出資額300を100だけ上回っています。この100が利益であり，株主に配当として還元されるものです。

会社経営者というのは，株主から預かったお金を自社のビジネス（＝貸借対照表の左側）で"運用"している"ファンド・マネージャー"のようなものです。運用した結果の利回りが利益です。だから，貸借対照表の左側を「資金運用方法」と言うのです。

なお，上記の利益100の全額を株主に配当するとは限りません。むしろ，利益の一部は新たな事業資金にするために翌年度に繰り越すのが普通です。これが利益の内部留保と呼ばれるものです。

▌なぜ「貸借対照表」と言うか

貸借対照表がそうであるように，会計は左右一対で情報を整理するのが好きです。左右はそれぞれ「左側」，「右側」と言えば十分なのですが，会計では左側のことを借方，右側のことを貸方といいます。

この不思議な日本語は福沢諭吉によるものです。これは資金提供者目線の言い方です。

福沢諭吉の時代，資金を提供する主役は銀行でした。ですから，決算書を主に利用するのも銀行でした。銀行からすれば，貸借対照表の右側は自分たちのお金を「貸している方」です。

それに対して，貸借対照表の左側は，「そのお金を借りてビジネスをやっている方」です。

これが，借方・貸方の由来です。だから「貸借対照表」というのです。

貸借対照表の本質は財産一覧表ですが，その構造が「借方」と「貸方」を対

比できる形をしているので，「貸」「借」を音読みして「貸借対照表」というのです。

英語で言えば，左右が常にバランスしていることから「バランス・シート（Balance Sheet）」と呼ばれるわけです。頭文字を取ってB/Sとも言われます。

貸借対照表という言葉もバランス・シートという言葉も，その構造上の特徴に由来しているのです。

▍イマドキの資産と負債の意味

ここまで，「負債は返済義務のある資金調達源」，「資産はビジネスに必要な仕組み」というような説明をしてきましたが，何をもって「資産」，「負債」というのか，あらためてその定義をしておきましょう。

最もイマドキの定義を分かりやすく意訳すれば，以下のようになります。

> **資産**：将来において企業の経済的価値を増加させるポテンシャル
> **負債**：将来において企業の経済的価値を減少させるポテンシャル

ここでの「経済的価値」は必ずしもキャッシュとは限りませんが，細かいことを抜きにすれば，ほぼキャッシュと読み替えて差し支えないです。ということは，ざっくり言えば，資産とは，将来においてキャッシュを増加させる“ポテンシャル”であり，負債はその逆の“負のポテンシャル”ということです。

たとえば設備を有していると，製品が作れ，販売でき，対価としてキャッシュを獲得できます。このように，将来においてキャッシュを増加させるポテンシャルになっているので，設備は資産に計上されるわけです。

一方，借入金は，返済期日になったらお金を返さなければならない義務ですから，これを有していると将来においてキャッシュが減少します。また，借入金を有していると利息を支払わなければなりませんから，それによっても将

来のキャッシュが減少します。このように，将来においてキャッシュを減少させるポテンシャルになっているので，借入金は負債に計上されるわけです。

縦方向は流動性で並んでいる

次に，貸借対照表の縦方向を見てみましょう。

図表1-1（a）（10頁参照）の日立製作所の貸借対照表を見てください。左側の資産は流動資産と固定資産の2つに大きく分かれています。右側上段の負債も流動負債と固定負債の2つに大きく分かれています。貸借対照表は左右とも，上から下に向かって流動性の順番で並んでいるのです（ 図表1-5 ）。

図表1-5　貸借対照表の縦方向は流動性で並んでいる

貸借対照表

1年以内に換金される予定の資産	流動資産	流動負債	1年以内に返済期限が到来する負債
1年を超えて換金される予定の資産　所有し続けて使用することが目的の資産	固定資産	固定負債	1年を超えて返済期限が到来する負債
		純資産	永久に返済が到来しない

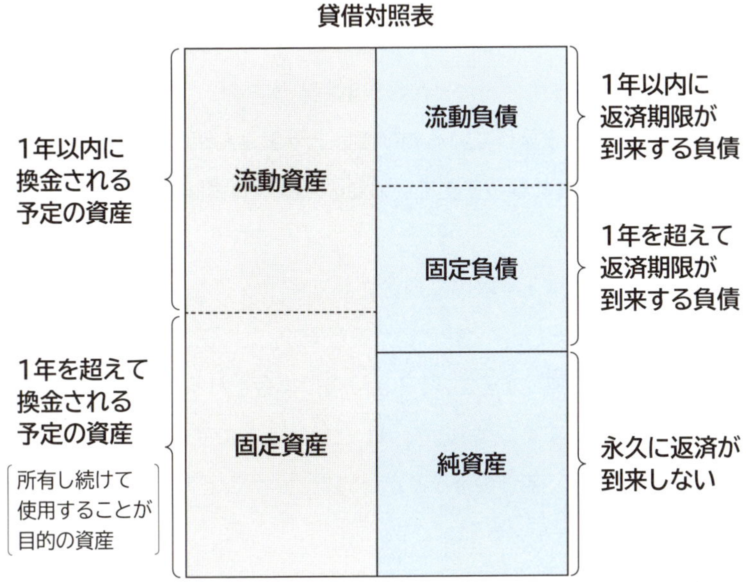

「流動性」とは換金性ということです。すなわち，どれだけ容易にキャッシュとして企業に入ってくるか，または出て行くかということです。

では，何をもって「容易」というのでしょうか。最も基本となる判断基準は一年基準（ワン・イヤー・ルール）です。すなわち，1年以内にキャッシュとして流出入が起こるものを「流動」，1年を超えてキャッシュとして流出入が起こるものを「固定」というのです。

最も分かりやすい例は， 図表1-1（a） （10頁参照）の負債に計上されている短期借入金と長期借入金です。

この「短期」「長期」という言葉は，期間の長短を何となく言っているわけではありません。明確な定義があります。「短期」とは「1年以内」，「長期」とは「1年超」という意味です。

したがって，「短期借入金」とは返済期限が1年以内に到来する借入金であり，「長期借入金」とは返済期限が1年を超えて到来する借入金ということです。このように，短期借入金と長期借入金をそれぞれ流動負債と固定負債に計上するのがワン・イヤー・ルールの典型例です。

すべてが厳密にそうなっているわけではありませんが，流動負債とは概ね1年以内にキャッシュとなって出ていくもの，固定負債はそれが1年より後ということです。

同様に，流動資産は1年以内に換金されてキャッシュとして入ってくるもの，固定資産はそれが1年より後ということです。

固定資産について補足すると，「1年より後に換金される」ということは，「そもそも手放して換金するつもりがない」ということです。では，何が目的かというと，自ら所有し，自ら使うことが目的だということです。この部分こそ，企業の「仕組み」と呼ぶべき部分です。

図表1-1（a） （10頁参照）の日立製作所の有形固定資産には，「建物」，「機械及び装置」，「工具，器具及び備品」，「土地」などが計上されています。

　無形固定資産は，これも文字通り，形のない固定資産です。これは「触れることのできない固定資産」とも言えます。

　日立製作所の無形固定資産にはソフトウエアが計上されています。これは，会計システム，販売管理システム，顧客管理システムなど，企業の情報システムで稼働するソフトウエアです。一般的に，金額的に最も大きい無形固定資産はソフトウエアです。今どきの企業において，情報システムは最も重要な仕組みと言っても過言ではないでしょうから，金額的に最も大きくなるのも理解できると思います。ちなみに，ハードウエアは有形固定資産です。

　無形固定資産には特許権も計上されています。このような知的財産は長期に渡って将来のキャッシュを増加させることになるでしょうから，形のない資産になるわけです。

　投資その他の資産には，他社の株式などの金融資産などが計上されます。

▍「純資産」か「資本」か

　貸借対照表の右下を指す言葉には現在2つの言葉があります。日本基準では「純資産」と言い，IFRSでは「資本」と言っています。2005年以前は日本基準でも「資本」と言っていました。

　実務上は，同じものを指す言葉として2つが並存しているという理解で十分ですが，全く同じ意味なのかというと実はそうではないので，そのことについて少々お話しておきましょう。

　「資本」と「純資産」は意味が根本的に異なります。

　「資本」という言葉は，「本」という字から分かるように，「元手」という意味です。「カラダが資本」という言い方は，正に「何事においても健康な身体が元手」という意味です。

　ですから，「資本」という言葉を使った場合は，「株主が拠出した元手資金」という見方をしているのです。式で書けば，以下のような「足し算」で捉えて

いることになります（ 図表1-6（a） ）。

$$資産 = 負債 + 資本$$

これは，「貸借対照表の左側である資産は，債権者が拠出した負債と株主が拠出した資本によってできている」という捉え方です。

一方，「純資産」の「純」は一般的に「正味の（net)」という意味です。「純資産」を英語で言えば「net asset」です。つまり，「純資産」とは「プラスの財産である資産からマイナスの財産である負債を控除した残り」という意味です。式で書けば，以下のような「引き算」で捉えているということです（ 図表1-6（b） ）。

$$資産 - 負債 = 純資産$$

図表1-6 **資本と純資産**

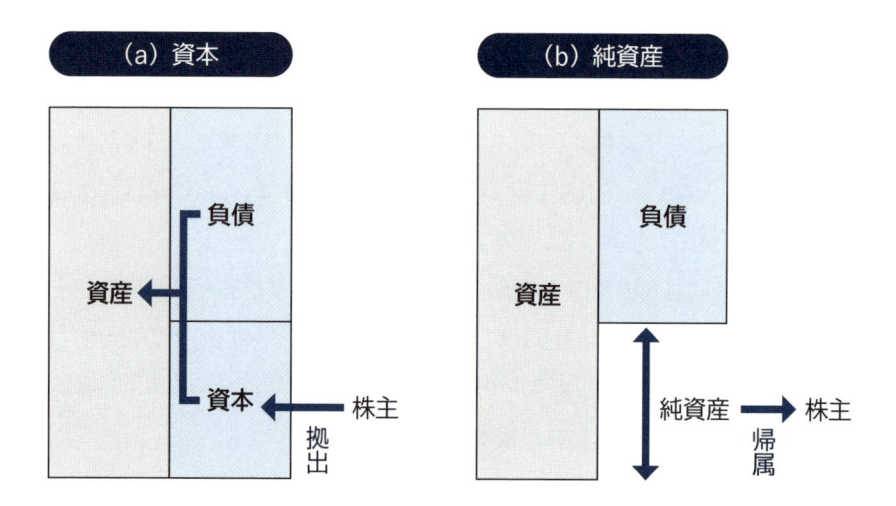

期首においては, これから始まる新たな会計期間の元手となりますから,「資本」と言うのが実態に即しています。一方, 期末においては, この資本を正味財産が上回ったかどうかを見たいので, 正味財産である「純資産」という見方をした方が実態に即しています。

　このように, 貸借対照表の右下の部分は概念的には資本と純資産の両方の性質を有しているわけです。

　ただ, 数々の制度改正を経た結果, 日本基準・IFRSとも現行の制度においては,「元手」とは言えない性質のものがここに計上されるようになっているので, ここは資産と負債の差額としか定義しようがなくなっています。したがって, 現行制度においては「純資産」という言葉を使うのが適当だと思います。

　実は, IFRSの英語版の原本では, 貸借対照表の右下の部分は「資産と負債の差額」と明確に定義されています。これは明らかに「純資産」です。ところが, 日本語版の基準書ではなぜか「資本」という言葉が充てられています。私はこれは誤訳だと思っています。

▌純資産の構成要素は本質的に2つ

　ここであらためて純資産の部を見てみましょう。

　図表1-1（a）（10頁参照）を見ると, 純資産の部には何やら難しい言葉ばかりが並んでいます。純資産の部は, 会社法をはじめとする法制度の影響を非常に受ける部分なので, それらの理解がないとこの部分をちゃんと理解することはできません。

　ただし, 本質的には2つの部分から成っています。純資産とは返済不要の資金源のことですから, それが何かということです。

　1つ目は, 株主からの拠出です。具体的には資本金と資本剰余金です。

　資本剰余金は日常業務にはほとんど関係しないので馴染みがないと思いま

すが、「資本金に準ずるもの」と思えばいいでしょう。言葉のニュアンスも「資本金に入れなかった余り」ということです。たとえば、株主から出資があったとき、その半分を資本剰余金に入れるというような使い方がされます。

2つ目は、利益の内部留保です。具体的には利益剰余金です。

利益の内部留保とは、会社が生み出した利益の一部を翌年度以降に繰り越すものです。それは、翌年度以降のあらたな事業資金にするためです。これは会社自ら稼ぎ出したものですから、誰に返済する義務もありません。ですから、返済不要の資金源である純資産に組み入れるのです。

純資産の部は、いわば燃料タンクのようなものです。最初は空っぽなので、株主に資金という燃料を入れてもらいます。その後は、それを貸借対照表の左側の資産に変えて、それを動かすことによって資金という燃料を会社自ら再生産し、それを自分の燃料タンクに入れながら走り続けるようなイメージです。

3 損益計算書の構造

▌段階的に利益を計算する

次に、損益計算書を見てみましょう。 図表1-7 に 図表1-1 (b) で見た日立製作所の損益計算書を再掲します。

損益計算書は、会社の正味財産の増減内訳書です。会社財産を増加させた要因から会社財産を減少させた要因を差し引いて一定期間の利益を計算しているだけです。やっていることは非常にシンプルであり、構造的にも特に難しいことはありません。

図表1-7 ㈱日立製作所の損益計算書（2023年3月期，単体）

（単位：百万円）

売上高	1,631,338
売上原価	1,173,314
売上総利益	458,023
販売費及び一般管理費	
給料諸手当	85,823
退職給付費用	9,283
減価償却費	5,796
外注経費	71,548
研究開発費	71,752
その他	125,797
販売費及び一般管理費合計	369,999
営業利益	88,023
営業外収益	
受取利息及び受取配当金	292,812
その他	20,008
営業外収益合計	312,820
営業外費用	
支払利息	14,185
その他	31,939
営業外費用合計	46,125
経常利益	354,719
特別利益	
関係会社株式売却益	687,447
投資有価証券売却益	12,640
不動産売却益	1,363
特別利益合計	701,451
特別損失	
減損損失	12,091
関係会社株式評価損	9,556
関係会社出資金評価損	1,908
投資有価証券評価損	134
特別損失合計	23,690
税引前当期純利益	1,032,480
法人税等	44,533
当期純利益	987,946

（有価証券報告書を元に一部集約）

　ただし，最終的な利益を一発で計算しないで，段階的に利益を計算するという構造になっています。ですから，途中に出てくるいくつかの利益の意味を理解することが，損益計算書の構造を理解する最大のポイントです。

　それではどういう利益が登場するのか，順に説明していきましょう。

▌売上総利益は粗削りの利益

たとえば，ある企業が商品を70円で仕入れ，100円で販売したとします。100円がこの企業にとっての売上高であり，仕入れの70円が売上原価です。その差額である30円が最初に出てくる利益です。この利益を売上総利益といいます。俗に粗利（あらり）ともいわれます。

「粗利」は「そり」と読まないように気を付けてください。また，「あらり」という音に引きずられて「荒利」と書かないようにも注意してください。「荒っぽい利益」ではなく，まだすべての費用を引いていない「粗削りの利益」という意味です。

▌営業利益は本業の利益

売上総利益の後に続くのが販売費及び一般管理費です。略して「販管費」とも言われます。

これは，文字通り，販売と一般管理に係る費用ということです。それは要するに，本業において日常的に発生する費用ということです。

図表1-7 を見ると，日立製作所では給料諸手当（いわゆる人件費），退職給付費用，減価償却費，外注経費，研究開発費などが計上されています。「その他」にはおそらく広告宣伝費や水道光熱費などが含まれていると思います。強いて分類するならば，広告宣伝費などは販売費，その他は一般管理費ということになります。いずれにしても「本業において日常的に発生する費用」ということが分かるでしょう。

売上総利益から販管費を引いた利益が営業利益です。会計においては，「営業」は常に「本業」と読み替えてください。それで意味が分かります。したがって，営業利益は「本業の利益」という意味です。

▌経常利益はコンスタント利益

　営業利益が本業の利益ということは，そこから下は本業によるものではないということです。営業外収益と営業外費用というのが続きますが，これらは「本業外のプラスとマイナス」ということです。

　本業外で典型的に想定されているのは金融取引です。金融取引とは，たとえばお金の貸し借りです。お金を貸せば利息を受け取ります。これが営業外収益に計上されている受取利息です。一方，お金を借りれば利息を支払います。これが営業外費用に計上されている支払利息です。

　余剰資金で株式投資をするのも金融取引です。株を買えば配当を受け取ります。これが営業外収益に計上されている受取配当金です。

　これらが本業以外のプラス・マイナスの代表例です。

　このような金融取引は本業外ではありますが，企業のどこかで誰かが日常業務の一環として行ってはいます。具体的には，財務部門などが資金状態を見ながら銀行から借り入れをしたり，返済したり，株式投資をしたりしています。したがって，ここまでは企業活動において普通に発生します。

　それで，営業外収益・営業外費用までを含めた利益を経常利益と言うのです。経常利益とは，「経営において常に発生する利益」ということです。会社全体で見れば，ここまでは日常的に発生する「コンスタント利益」ということです。

　組織との対応関係をざっくり言えば，製造や営業などの現業部門が日常的に発生させるのが営業利益までで，本社間接部門まで入れると経常利益，という感じです。

▌特別利益・特別損失はめったに起こらない特別なもの

　経常利益までがコンスタントに発生するということは，そこから後はコンスタントには発生しないということです。特別利益と特別損失というのが続

きますが，これらは「滅多に起こらない特別なもの」ということです。

図表1-7（25頁参照）の特別利益を見ると，3行目に不動産売却益というのが計上されています。不動産は長年保有するのが普通であり，手放すとしても何年・何十年に1度でしょう。ですから，手放すことに伴って発生した売却益は特別利益なのです。**図表1-7**にはありませんが，もし売却損が出れば特別損失に計上されます。

それこそ特別な例としては，災害に伴う損失があります。東日本大震災の直後は，多くの企業が災害損失などの科目で多額の損失を特別損失に計上しました。

▌当期純利益は手取り利益

滅多に起こらない特別なものでも，その年に起きたのは事実ですから，特別利益・特別損失を含めて税引前当期純利益になります。

ここから法人税，住民税及び事業税が引かれて当期純利益になります。法人税，住民税及び事業税は，まとめて「法人税等」とも言われます。

当期純利益の「純」はやはり「正味の」という意味です。当期純利益は，あれこれ費用を引いて，さらに税金も引いた後の正味の利益，"手取り利益"ということです。

▌利益の行く末

利益が出たら，その利益はその後どうなるでしょうか。

この質問に対して，「給料が増える」と答える人が意外にも多いのですが，残念ながら給料は増えません。将来的には，給料を増やす1つの判断材料になるかもしれませんが，少なくとも利益が出たからと言ってそれが働いている人の懐に直接入ってくるようにはなっていません。

ここまで読んできた方はもうお分かりですね。**当期純利益の行先は株主**です。配当という形で株主に還元されるのです。

　ただし，これも既に述べた通り，当期純利益の全額を配当に回すとは限りません。むしろ，全額は配当せず，一部は翌期に繰り越す方が普通です。いわゆる利益の内部留保です。翌期に繰り越す理由は翌期以降の新たな事業資金にするためです。

　利益の内部留保は新たな返済不要の資金源として純資産に組み入れられるのでしたね。具体的には利益剰余金に計上されるのでした。

　キャッシュの循環を貸借対照表を中心に描くと，　図表1-8　のようになります。

■図表1-8　**企業におけるキャッシュの循環**

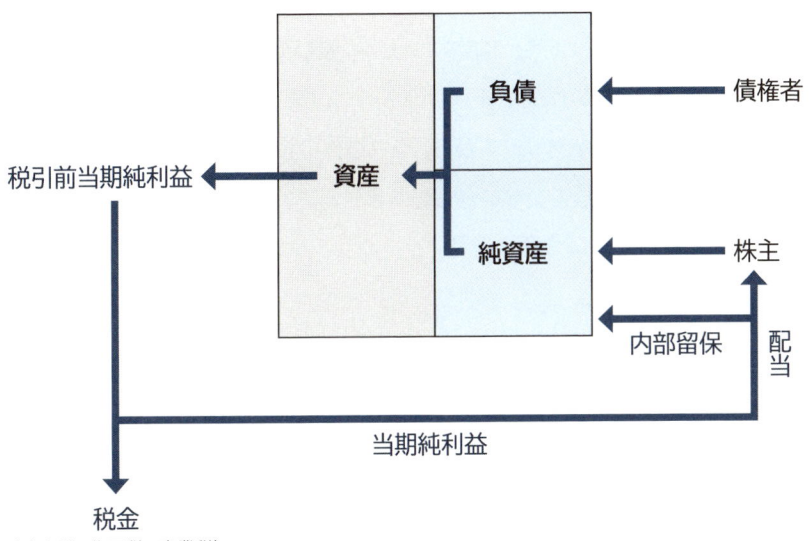

スタートは一番右側の株主と債権者という2人の資金提供者です。この2人からの調達資金を元に，貸借対照表の左側の資産，すなわち仕組みを作ります。そして，この仕組みを動かすことによって，税引前当期純利益が生み出され，そこから税金が控除された当期純利益の一部が右側の株主に還元され，残りは会社に留保されて，再び事業が繰り返されるということです。

　貸借対照表を中心にして見ると，キャッシュは右から入って左に抜け，また右に戻ってくるという循環を繰り返すのです。

4　キャッシュ・フロー計算書の構造

　貸借対照表と損益計算書に次ぐ第3の財務諸表としてキャッシュ・フロー計算書も見ておきましょう。制度的には，金融商品取引法において連結キャッシュ・フロー計算書の作成が義務付けられています。金融商品取引法は主に上場企業に遵守義務がありますから，それ以外の企業は必ずしもキャッシュ・フロー計算書は作成していないかもしれません。

　図表1-9 は日立製作所の連結キャッシュ・フロー計算書です。

　キャッシュ・フロー計算書の最大のポイントは，営業活動によるキャッシュ・フロー，投資活動によるキャッシュ・フロー，財務活動によるキャッシュ・フローという，3つのパートから構成されていることです。これらは略して，営業キャッシュ・フロー，投資キャッシュ・フロー，財務キャッシュ・フローとも言われます。

図表1-9　㈱日立製作所の連結キャッシュ・フロー計算書（2023年3月期）

（単位：百万円）

営業活動に関するキャッシュ・フロー	
当期利益	703,870
減価償却費及び無形資産償却費	526,310
法人所得税費用	116,101
固定資産売却等損益	△2,465
売上債権及び契約資産の増減（△は増加）	△60,673
棚卸資産の増減（△は増加）	△244,346
買入債務の増減（△は減少）	43,964
退職給付に係る負債の増減（△は減少）	49,935
その他	△137,092
小計	995,604
利息の受取	25,675
配当金の受取	26,419
利息の支払	△49,770
法人所得税の支払	△170,883
営業活動に関するキャッシュ・フロー	827,045
投資活動に関するキャッシュ・フロー	
有形固定資産の取得	△252,638
無形資産の取得	△157,947
有形固定資産及び無形資産の売却	55,580
有価証券及びその他の金融資産の取得	△106,069
有価証券及びその他の金融資産の売却	616,317
その他	△4,180
投資活動に関するキャッシュ・フロー	151,063
財務活動に関するキャッシュ・フロー	
短期借入金の純増減	△277,685
長期借入債務による調達	80,062
長期借入債務の償還	△288,795
配当金の支払	△129,005
自己株式の取得	△200,212
その他	△327,331
財務活動に関するキャッシュ・フロー	△1,142,966
現金及び現金同等物に係る為替変動による影響	29,314
現金及び現金同等物の増減	△135,544
現金及び現金同等物の期首残高	968,827
現金及び現金同等物の期末残高	833,283

（有価証券報告書を元に一部集約）

▌3つのキャッシュ・フローの意味

　3つのキャッシュ・フローを 図表1-10 のように立体的に見てみましょう。このように捉えると，それぞれのキャッシュ・フローの意味があらためてよく分かります。

図表1-10 　3つのキャッシュ・フロー

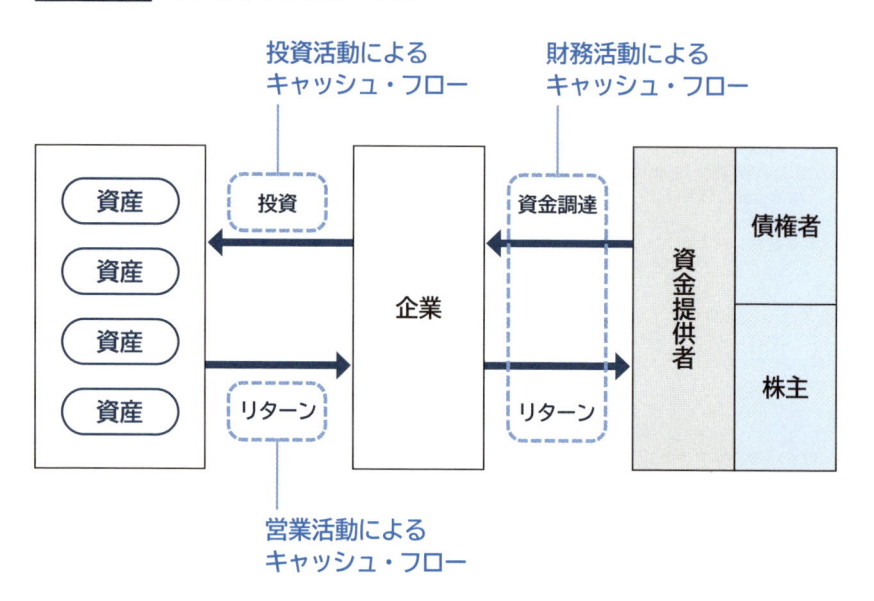

　図表1-10 は中心に企業があって，右側に株主と債権者という資金提供者，左側に資産があります。これは貸借対照表のイメージそのものでもあります。

　キャッシュはまず右側の資金提供者から入ってきます。

　その資金を元に企業は投資をし，資産という仕組みを作ります。これが投資活動によるキャッシュ・フローです。

　企業は仕組みを使うことによって，日々のリターンを獲得します。これが

営業活動によるキャッシュ・フローです。

　営業活動で獲得したキャッシュは，最終的には右側の資金提供者に還元されます。資金調達とリターンを合わせたものが財務活動によるキャッシュ・フローです。一般的に，「財務活動」とは資金提供者とのやりとりのことを意味します。

　3つのキャッシュ・フローには，それぞれに基本となる符号があります。符号とは，プラスかマイナスかです。キャッシュ・フローがプラスとは，企業に対してキャッシュが流入してくるということです。マイナスとは流出していくということです。図表1-10 において，矢印が企業に向かって来る方向であればプラス，企業から出て行く方向であればマイナスです。

　営業活動によるキャッシュ・フローの「営業」は本業ということです。日々の本業によるキャッシュ・フローということですから，営業活動によるキャッシュ・フローはプラスが基本です。

　投資活動によるキャッシュ・フローの「投資」は"資金を投じる"ということとです。明日の仕組み作りのために，あえてキャッシュを使うということです。したがって，投資活動によるキャッシュ・フローはマイナスが普通です。

　財務活動によるキャッシュ・フローの符号は，営業活動によるキャッシュ・フローと投資活動によるキャッシュ・フローに拠ります。営業活動と投資活動は，まとめて「事業活動」と言います。

　投資活動によるキャッシュの流出が営業活動によるキャッシュの流入を上回る場合は，左側の事業活動で資金が不足する可能性があります。その場合は新たな資金調達が必要になります。そうなると，資金提供者に対するリターンよりも資金調達の方が絶対額として上回りますから，財務活動によるキャッシュ・フロー全体としてはプラスになります。

　一方，営業活動によるキャッシュの流入の方が投資活動によるキャッシュの流出を上回っている場合は，左側の事業活動において資金は足りています

から，追加の資金調達は必要ありません。この場合は，資金提供者に対して
どんどん還元できる状態です。還元とは，株主に対しては配当や自己株式取
得であり，債権者に対しては社債の償還や借入金の返済です。そうなると，
資金提供者に対するリターンの方が資金調達よりも絶対額として上回りま
すから，財務活動によるキャッシュ・フロー全体としてはマイナスになり
ます。

フリー・キャッシュ・フロー

　ここでもう1つのキャッシュ・フロー，フリー・キャッシュ・フローを説明
しましょう。フリー・キャッシュ・フローは制度的なキャッシュ・フロー計
算書には出てきませんが，非常によく使われる概念です。

　フリー・キャッシュ・フローの定義式にもいくつかありますが，キャッシュ・
フロー計算書を前提にすれば，以下の定義式が分かりやすいでしょう。

　　　　フリー・キャッシュ・フロー ＝

　　　　　　営業キャッシュ・フロー ＋ 投資キャッシュ・フロー

（Ⅰ-2-①）

　この式を言葉で言えば，「フリー・キャッシュ・フローは，営業キャッシュ・
フローと投資キャッシュ・フローの合計」ということになります。ただ，「合
計」と言われるから，フリー・キャッシュ・フローの意味がよく分からない
のではないかと思うのです。

　確かに，営業キャッシュ・フローも投資キャッシュ・フローもプラスにも
マイナスにもなり得ますから，一般的には式（Ⅰ-2-①）のように表現せざ
るを得ません。しかし，営業キャッシュ・フローはプラスが基本であり，投
資キャッシュ・フローはマイナスが基本ですから，それを前提に，あえて正
確性を犠牲にして表現すれば，フリー・キャッシュ・フローは次のように表
すことができます。

$$フリー・キャッシュ・フロー ＝$$

$$営業キャッシュ・フロー － |投資キャッシュ・フロー|$$

（Ⅰ-2-②）

　これを言葉にすれば、「フリー・キャッシュ・フローは、営業キャッシュ・フローから投資キャッシュ・フローを引いた残り」となります。つまり、図表1-11 の左側の事業活動において、キャッシュを使って取り戻して**手元に残った正味のキャッシュ・フロー**ということです。

　手元に残った正味のキャッシュ・フローならば、企業が自由に使えます。これが「フリー」と言われる所以です。

　誰にとってフリーかというと、大局的に捉えれば資金提供者です。左側の事業活動において正味手元に残ったキャッシュ・フローが、右側の資金提供者に対する還元原資になるからです。したがって、フリー・キャッシュ・フローは株主と債権者に帰属するキャッシュ・フローという言い方もできます。

図表1-11 フリー・キャッシュ・フロー

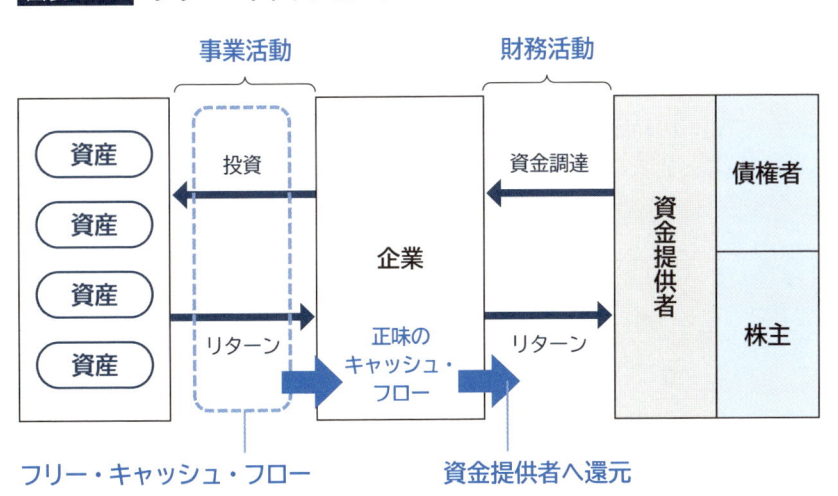

▌フリー・キャッシュ・フローはプラスが基本

安全性の観点からすると，フリー・キャッシュ・フローはプラスが基本です。フリー・キャッシュ・フローがプラスならば，資金調達の必要はありませんから安全性が損なわれることはありません。逆に，フリー・キャッシュ・フローがマイナスになると，資金調達の必要が生じます。フリー・キャッシュ・フローがマイナス続きになると，資金調達をし続けなければなりませんから，いつか資金繰りに行き詰まることになります。

では，どうであればフリー・キャッシュ・フローをプラスにできるのでしょうか。以下，フリー・キャッシュ・フローをFCF，営業キャッシュ・フローを営業CF，投資キャッシュ・フローを投資CFと表すことにします。

投資CF<0であることを前提にすれば，

$$FCF = 営業CF － |投資CF| \qquad (I-2-③)$$

です。したがって，FCF>0となるためには，

$$営業CF > |投資CF| \qquad (I-2-④)$$

であればいいわけです。これは「投資キャッシュ・アウトを上回る営業キャッシュ・フローを稼ぎ出す」ということです。「使うお金よりも多くのお金を稼ぎましょう」ということですから，直感的にも当然の話です。

投資の水準の方に力点を置くならば，「投資キャッシュ・アウトを営業キャッシュ・フローの範囲内に抑える」という言い方もできます。この表現は，経営者の口からもときどき聞かれる表現です。これは，投資を日々の稼ぎの範囲内に抑えるということですから，「年収を上回る買い物はしないようにしましょう」ということです。年収を上回る買い物をするから，ローンという財務キャッシュ・フローに頼らなければならなくなるわけです。そういう買い物はやめましょうということです。

ただし，将来の成長のために一時的に多額の投資をすることによってフリー・キャッシュ・フローがマイナスになることがあります。これはむしろ

健全な状態です。リスクを取らない所からリターンはありませんから，何でもかんでも常にフリー・キャッシュ・フローがプラスでなければいけないわけではありません。

3 カタチに宿る魂は如何に

1 細かいルールよりも原則が重要

決算書の構造というカタチが大体理解できたところで，そのカタチに宿る魂の部分を見ていきましょう。魂とは，そのカタチ作りの根底に流れている考え方です。

こう言うと，会計基準の細かいルールのことと思われるかもしれませんが，そうではありません。具体的な会計基準の前に，その根底に流れている原則を理解することが重要なのです。それがここで言う「魂」です。

会計制度は非常に細かく，そして膨大です。それは会計制度に限らず，法律や制度と言われるものの常でしょう。

そういうものを理解しようとするときに一番やってはいけないのは，全体観を持たないままいきなり個々の制度を見ることです。全体観がないと，「こういうときはこう」というように機械的にルールを「覚える」ことになってしまいます。しかし，会計制度は膨大です。そういうやり方では，時間がいくらあっても足りません。特に忙しい社会人にとっては不可能に近い話です。

相手が複雑で膨大なときこそ，木を見る前に森を見るのです。全体観もなしに個々の制度を見るのは，地図を持たずに大きな森の中に入って行き，いきなり木を見るようなものです。木どころか，いきなり葉っぱを見ているかもしれません。それでは森の中ですぐに迷子になります。面白くもありません。

全体観があれば，変化にも楽についていけるようになります。

会計制度は，それなりの頻度で改正が行われます。あるときは，大幅に改正されることもあります。そういう改正に右往左往する人が少なくありません。

そうなる一因は，変化という表面的な現象を追いかけ回しているからです。表面に現れている変化は確かに多いかもしれませんが，実は根本のところではつながっていて，変化の本質的な理由は意外と少ないものです。根本の部分から理解していれば，個々の変化については「なるほど，そう来たか」と理解できるようになります。

そもそも，会計のプロでない限り，制度の細かいところまで知る必要性もありません。重要なことは，会計というルールがどういうコンセプトでできているかという根本の部分を「理解」することです。そうすれば，各論については自ずと理解できるようにもなりますし，「おそらくこういうルールなんじゃないかな？」と推測できるようにもなります。会計のプロではない一般のビジネスパーソンにとっては，そういうことが重要なのです。

その「根本の部分」が魂の部分であり，ここで説明する原則です。原則ですから数は多くありません。ここでは，一般原則を1つ，損益計算書に関する原則を2つ，貸借対照表に関する原則を1つ，合計4つの原則を紹介します。とりあえず，この4つを押さえておいてください。

2 一般原則

保守主義の原則

会計の根底を支える一般原則にはいくつかあるのですが，ここでは1つだけ知っておいてください。それは保守主義の原則です。これは，具体的な会計基準の多くで理論的根拠になっている原則です。

保守主義の原則とは，「企業の財政に不利な影響を及ぼす可能性がある場合には，これに備えて適当に健全な会計処理をしなければならない」という

原則です。

「適当に健全な会計処理」とは，損益計算書においては，収益はできるだけ遅く金額を少なく，費用はできるだけ早く金額は多く計上するように，貸借対照表においては，資産はできるだけ少なく，負債はできるだけ多く計上するということです。

これは，常にそうしろと言っているわけではありません。あくまでも，「企業の財政に不利な影響を及ぼす可能性がある場合」だというところがポイントです。

この原則が言わんとしていることは，「バッド・ニュースほど積極的に開示しろ」ということです。そうすることが，財務情報の利用者にとって有益な情報になると考えられるからです。

いい話ばかりで塗り固められた情報は，戦時中の大本営発表のようになってしまいます。我が軍は大丈夫，善戦しているとずっと聞かされていたのに，ある日，突然，敗戦を迎えるようなことになってしまいます。

それでは困るので，バッド・ニュースほど早期に積極的に知らせなさいということです。その方が，利害関係者は悪い出来事に備えることができますし，早期に対策を打つことも可能になります。バッド・ニュースの方が利害関係者にとっては有用な情報になることが多いのです。

3 損益計算書に関する原則

▌「収益」と「収入」の違いは？

損益計算書に関する原則の話をする前に，言葉について確認しておきましょう。

「収益」と「収入」の違いは何でしょうか？みなさんは，この2つの言葉を

どのように使い分けていますか？

　一番多い答えは，「収入は入ってきたものすべて。収益はそこから費用を引いた残り。」という答えです。日常用語としては，こういう意味で使われていることがほとんどだと思います。特に「収益」はそうです。実際，新聞等のメディアやテレビで話しているアナウンサーもほとんどそういう意味で使っています。

　会計上の正しい意味はそうではありません。

　まず，「収益」は何に関する言葉かというと，損益計算書に関する言葉です。ですから，「収益」という言葉を使った時点で話題は損益計算書です。

　そして，**「収益」とは損益計算書におけるプラスの総称**のことを言うのです。

　日常用語の「収益」と何が違うか分かりましたか？まだ何も引かれていないのです。ここが日常用語における「収益」と決定的に違う所です。プラスの総称ですから，具体的には売上高，営業外収益，特別利益の総称です。収益を，その性質に応じて，売上高，営業外収益，特別利益に分けて計上しているとも言えます。

　損益計算書におけるマイナスの総称は「費用」と言います。これは日常用語のイメージ通りだと思います。具体的には，売上原価，販売費及び一般管理費，営業外費用，特別損失の総称です。これも，費用をその性質に応じて売上原価，販売費及び一般管理費，営業外費用，特別損失に分けて計上しているとも言えます。

　収益と費用の差額が「利益」です。

　式で書くと，以下のようになります。

$$収益 \ - \ 費用 \ = \ 利益 \qquad （Ⅰ\text{-}3\text{-}①）$$

　多くの人は収益と利益を混同しているということです。実際，「利益」の意味で「収益」という言葉を使う人が非常に多くいます。おそらく，「益」とい

う字によって混同しているのだろうと思いますが,「収益」はグロス概念,「利益」はネット概念ですから, 両者の混同は決定的な誤りです。

では,「収入」はどういう意味でしょうか。

まず,「収入」は何に関する言葉かというと, キャッシュに関する言葉です。ですから,「収入」という言葉を使った時点で話題はキャッシュです。

「収入」とはキャッシュが入って来ることです。キャッシュ・インということです。キャッシュが出て行くことは「支出」と言います。キャッシュ・アウトということです。

収入と支出の差額が「収支」です。

式で書くと, 以下のようになります。

$$収入 - 支出 = 収支 \qquad (I-3-②)$$

さて, これは式 (I-3-①) と何が違うのでしょうか。その答えが次の発生主義です。

▍発生主義

発生主義とは,「収益と費用は, 収入と支出ではなく, その発生の事実に基づき計上する」というものです。

この一文は, 言葉の意味が分かっていないと理解できません。

「収益と費用」とは,「損益計算書のプラスとマイナス」という意味です。もっと簡単に言えば,「損益計算書の情報」ということです。

「収入と支出」はキャッシュ・インとキャッシュ・アウトという意味です。

つまり,「損益計算書の情報は, キャッシュの動きと切り離されている」ということです。お金をもらったときに売上高を計上するわけでもなければ, お金を払ったときに費用を計上するわけでもないということです。この点は, かなり勘違いしている人が多いように思います。

では, 何に基づき計上するかというと,「事実の発生」です。「事実」とは,

例えば売上高だったら「商品の出荷」という経済的事実です。事実の発生に基づいて計上するので，「発生主義」と言います。

　ちなみに，発生主義の反対は「現金主義」と言います。現金の授受に基づいて収益・費用を計上するという考え方です。

　正直なところ，現金主義の方が直感的には自然だと思います。現在も，小規模な企業では例外的に現金主義が認められています。しかし，原則は発生主義です。

　一般的に，企業間の売買取引では「当月末締め，翌月末払い」のようなやり方が広く行われています。つまり，売買の都度いちいち現金のやり取りはせず，ひと月分をまとめて後で払うということです。そうする理由は，いちいち現金のやり取りをしていたら面倒ですし，間違いや紛失・盗難のリスクも高まるからです。

　個人顧客に対する販売も，クレジットカードを使われたら全く同じです。企業に現金はすぐに入ってきません。

　要するに，世の中の商取引の多くはツケで行われているのです。これを信用取引と言います。顧客の支払い能力を信じて，代金の後払いを認める取引ということです。

　信用取引が普及したことによって，世の中の多くの商取引において物やサービスの提供タイミングとそれに対する代金の授受のタイミングが切り離されているのです。そのような状況において，キャッシュの情報に基づいて収益や費用を記録したら，損益計算書情報が企業の経済的実態をうまく表せません。そこで，キャッシュの動きではなく，経済的事実の発生に基づいて損益計算書情報を記録することにしたのです。

　経済的事実の具体例は，出荷，着荷，検収などです。出荷は販売元の倉庫から出たとき，着荷は顧客に届いたとき，検収は顧客の検査に合格したときです（ 図表1-12 ）。着荷は，顧客側から見たら入荷です。

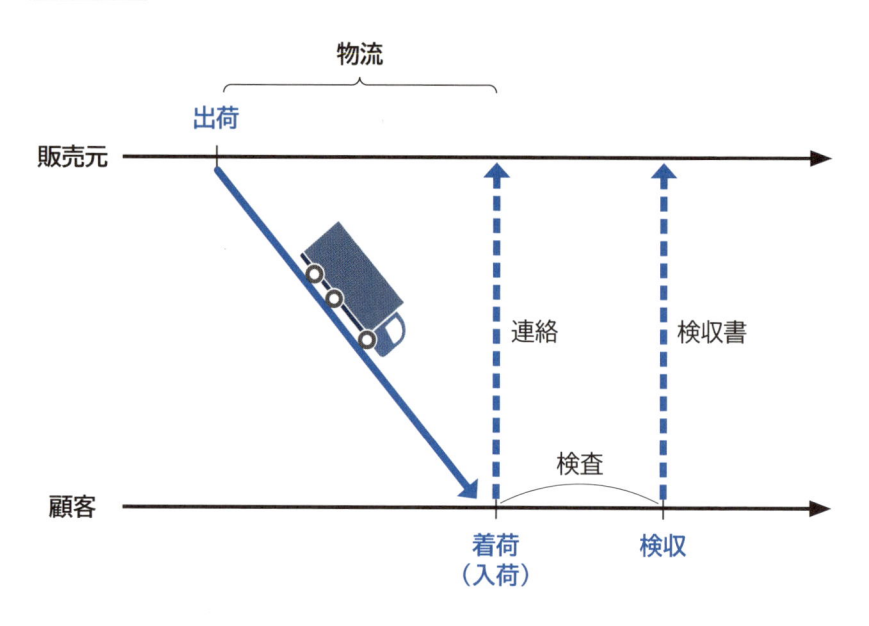

▌記録するのはお金ではなく権利・義務

　会計と言うと「お金に関するもの」というイメージが強いためか，「会計は
お金の動きを記録するもの」と思っている人が多いようです。確かに，会計
情報はすべて金額という貨幣情報ですし，だからこそ「お金の動きを記録する
もの」と思ってしまうのでしょう。しかし，会計が記録するのはお金の動き
ではありません。会計が記録するのは権利・義務です。

　そもそも，人とは権利・義務の主体となり得る存在です。法的には，人は
生まれた時点で権利・義務能力を獲得し，死亡によってその能力を失います。
そういう「人」は，自然界には我々人間しかいませんが，それ以外で法が権利・
義務の主体として認めた存在が法人という概念です。法人に対して，自然界
に存在する人間は「自然人」といいます。「法人」とは「自然人以外で法が擬

制した人」という意味です。

　ということは，人が行う法律行為とは権利・義務に関する行為であり，その一部である経済行為も当然に権利・義務に関する行為です。会計はそのすべてを記録したいのです。会計のミッションは，企業の経済的実態を忠実・タイムリーに記録することなのです。

　たとえば売買取引においては，契約が成立した時点で，売り手である企業には約束したものの引渡債務とその代金を受け取る代金債権が発生するというのが民法の原則です。この時点では債権と債務が両建て発生している状態ですから，両者が相殺されている状態です。

　その後，企業が顧客に対して約束したものを引き渡すと，引渡債務が消滅しますので，代金債権が顕在化します。すなわち，代金債権が確定します。これが売掛金です。この売掛金という債権が確定したときに売上高を記録するのです。

　よく，「売上高の相手勘定に売掛金を使う」というような言い方がされますが，本来の順序は逆で，「売掛金が確定したことを売上高として記録する」という方が適切です。

　さらにその後，顧客から代金が支払われると，現金の増加とともに代金債権が消滅しますから，これはこれで別途記録するわけです。債権の発生と消滅を別に記録することによって，引渡債務は履行したのに，その代金がまだ支払われていないということも認識できるようになるのです。もし，代金の受領時点で売上高を計上していたら，引渡債務を履行したことも，誰かに代金債権を有していることも，どちらも記録に残りませんから，義務や権利を有していることが事後的に分からなくなってしまいます。

　引渡債務の消滅原因である「約束したものの引き渡し」ですが，何をもって「引き渡し」とするのかが会計基準における重要な論点となります。それを規定するのが売上高計上基準というものです。日本における正式名は「収益認

識に関する会計基準」といい, 俗に「収益認識基準」などと言われています。

　収益認識基準の詳細は割愛しますが, 既に述べた出荷, 着荷, 検収などが「引き渡し」の具体例とされています。

▌発生主義はいいことばかりではない

　企業の経済的実態を忠実・タイムリーに記録するという観点からすれば発生主義は確かに望ましいやり方ですが, いいことばかりではありません。

　収益と収入, 費用と支出が違うということは, 当然, 利益と収支も違います。つまり, 利益があるからといって, 現金があるとは限らないのです(図表1-13)。

図表1-13　利益とキャッシュは違う

$$P/L：\quad 収益 \quad - \quad 費用 \quad = \quad 利益$$
$$\text{\textll} \qquad \text{\textll} \qquad \text{\textll}$$
$$キャッシュ：\quad 収入 \quad - \quad 支出 \quad = \quad 収支$$

　利益が黒字でもキャッシュがなくなることはいくらでもあり得ます。キャッシュがなくなれば倒産です。利益が黒字のままキャッシュがなくなって倒産することを「黒字倒産」と言います。シャレにもならない話ですが, そういう事例は山ほどあります。

　逆に, 利益がどんなに赤字でも, 誰かがキャッシュを補填してくれれば, 会社は倒産しません。キャッシュを補填してくれるのは一般的に取引銀行です。ということは, 倒産の引き金を引くのも, 多くの場合は取引銀行だということです。融資先の業績回復が見込めなければ, さすがの取引銀行も融資を打ち切ります。今まで貸したお金の返済も迫られるでしょう。それで資金ショートを起こして倒産するのです。

繰り返し言いますが，利益とキャッシュは違います。「全く違う」くらいの感覚でちょうどいいです。キャッシュの状態は直接見ないと分かりません。だから，キャッシュ・フロー計算書というものが財務諸表の1つにあるのです。

もしかしたら，「キャッシュの状態は利益を見ていれば大体分かるだろう」という感覚を無意識に持っているかもしれませんが，それは大間違いです。利益を見ても，キャッシュのことはほとんど何も分からないのです。

▌費用収益対応原則

もう1つの損益計算書に関する原則は費用収益対応原則です。それは，「費用は収益獲得の経済的犠牲である。したがって，収益獲得に貢献した部分を費用として収益と対応付けて計上する。」というものです。

これは，ある意味，費用とは何かということを規定している原則です。発生主義によって，キャッシュの支払いは費用を意味しません。だったら費用は何かということです。

費用収益対応原則によれば，それは「収益獲得の経済的犠牲」です。あくまでも，収益獲得に貢献したものを「費用」と言うということです。そして，あくまでも収益に貢献した部分だけを費用とするということです。ちなみに，火災などによる建物の焼失は経済価値の減少をもたらしますが，収益に貢献しているわけではありません。こういう経済価値の減少は「費用」と言わず「損失」と言います。だから，それを計上する区分も「特別損失」と言い，「特別費用」とは言わないのです。

4 貸借対照表の原則

取得原価主義

貸借対照表に関して知っておくべき原則は取得原価主義です。これは単に「原価主義」とも言われます。

取得原価主義は，貸借対照表への計上額に関する原則です。具体的には以下の2要件からなります。

---

① 資産・負債の貸借対照表への計上額は取得時の支出額に基づき決める

② 資産・負債の保有中は，時価の変動があっても評価換えしない

第1の要件は，貸借対照表への計上額は取得時の「支出額」で決めるということです。支出額とはキャッシュ・アウトした額ということです。

具体的な取得原価は以下のように決めます。

取得原価 = 購入代価 + 付随費用

購入代価とは，その資産そのものの価額です。付随費用とは，その資産を取得するために要した運搬費や据付費，手数料などです。

重要なことは，取得原価は購入代価だけではないということです。それに付随費用を加えたものが取得原価になります。取得原価とは「その資産が使えるようにするまでにかかった総支出額」だからです。これは，有価証券，棚卸資産，有形固定資産，無形固定資産等，すべての資産に共通です。

取得原価主義の第2の要件は，一度計上したら評価替えせずに，ずっとそのままの価額ということです。

その対立概念が時価主義です。いわゆる「時価会計」と言われているものです。

現在は何かと「時価会計」と言われるので，時価会計が基本だと思われているかもしれませんが，そうではありません。日本基準において時価会計の対象になるのは有価証券ぐらいです。しかも，その一部です。

現在においても取得原価主義が貸借対照表に関する基本的な原則です。

▌「時価」とは何か

ところで，「時価」とは何でしょうか。この言葉は，お寿司屋さんなどにも「あわび　時価」などと書いてあったりしますから，言葉としてはそれなりに見聞きする言葉だと思いますが，あらためてそれが何なのかというのは，実はなかなか難しいものがあります。

なぜ難しいかというと，客観的に1つの値に決められないことが少なくないからです。

「時価」の一般的な意味は，「市場において取引される相場価格」でしょう。おそらく，皆さんの「時価」のイメージもこれだと思います。

ただ，そういう「時価」が分かる前提は，相場が形成されるだけの市場が存在することが前提です。そして，そこで実際に活発な取引が行われていなければ相場は形成されません。

先ほどの「あわび　時価」は，この意味での「時価」とは少々異なります。ここでの「時価」の意味合いは，収穫量が不安定なため仕入れ価格がどうなるか分からないあわびを，今朝たまたま仕入れられたときの「その時の価格」という意味です。市場で形成される相場価格はmarket valueと言われるものですが，あわびの時価はspot valueです。

spot valueだとしても，取引事実があるので，まだ時価らしきものが分かります。問題なのは，活発な市場もなければ取引事実もない場合です。

典型例は非上場株式です。上場株式であれば，証券取引所という市場で活発に取引されていますから，例えばその日の終値を時価とすると決めれば，時

価は客観的に一意に決まります。ところが，非上場株式は市場で取引されていませんし，市場がないゆえに取得したところで換金できる見込みは極めて低いですから，個人間での売買もめったに行われません。そのため，同じ株式でも非上場株式は「時価」と言われても困ってしまうのです。

こういうときに数学が使われます。客観的な事実から決められない以上，理論的に計算するのです。

このような理論値まで含めたものを，日本では今でも「時価」と呼んでいますが，国際的には「公正価値」（fair value）と呼んでいます。国際的には「公正価値」の方がスタンダードな言い方です。

その時の値を観察できるのであれば「時価」という言葉はしっくりきますが，理論値は何らかの仮説の下で「公正」と思われる値を計算しているだけなので，そこまで含む概念としては「公正価値」の方が適切な言葉だと思います。

5 原理原則の使われ方

▌売上原価

たとえば，1個100円の商品を100個仕入れ，10,000円支払ったとします。このうち，期中に80個売れた結果，期末には20個が在庫として残りました。このとき，当期の費用はいくらでしょうか。

非常に多い答えは10,000円という答えです。理由は「既に10,000円支払ったから」です。

感覚的にはごもっともな答えです。ところが，会計上費用になるのは，販売された80個分の8,000円です。これが売上原価という費用です。

確かにキャッシュは10,000円支払っていますが、そのうち売上高という収益に貢献したのは販売された80個分だけです。ですから、**出荷された80個分に相当する8,000円だけが売上原価**になるのです。

その**理論的根拠は費用収益対応原則**です。売上原価は、費用収益対応原則の最も典型的な具体例です。

ちなみに、売上原価は英語では一般的にCost of Goods Sold（COGS）と言います。直訳すると、「売られた品のコスト」ということです。つまり、**「売上原価」とは「売上の原価」**という意味なのです。仕入れに要した10,000円は、言うとすれば「仕入原価」です。

販売されずに残った20個は棚卸資産として貸借対照表に計上します。売れ残った商品は来年度に売れる可能性のある財産なので、財産一覧表である貸借対照表に計上するのです。

▌棚卸資産の期末評価

棚卸資産とは、商品、製品、材料など、一般的に「在庫」と呼ばれるものです。

期末における棚卸資産は、その正味売却価額が取得原価よりも下落している場合には、**帳簿価額を正味売却価額まで切り下げ、差額を費用として計上する**ことになっています。期末において棚卸資産の帳簿価額を切り下げる処理は**低価法**と言われます。

ここで言う**「正味売却価額」とは、要するに売価**ということです。販売経費などを控除することによって正味の回収額にするので「正味」という言葉が付いているだけです。それが取得原価よりも下落しているということは、**売ってももはや粗利も出ない状態**ということです。

この会計処理の狙いは、この損失を実際に売れるまで先送りするのではなく、分かった時点で費用として明るみに出させることです。その**理論的根拠は保守主義の原則**です。

なお，正味売却価額をその時点の時価と考えれば，この処理はいわゆる時価会計のようにも見えますが，こういうのは時価会計とは言いません。時価会計とは，時価が上がっても下がっても，その時価に合わせて評価替えすることを言います。

▌減価償却

減価償却とは，建物や設備などの固定資産に対して行われる手続きです。

たとえば，100億円の設備を取得した場合，取得時に100億円のキャッシュ・アウトをしても，それを費用に計上しません。100億円は貸借対照表に資産として計上します（ 図表1-14 ①）。これを取得原価といいます。

その後，その設備が使えるだろうと思われる期間に渡って，取得時の100億円を費用として分割計上します（ 図表1-14 ②）。 図表1-14 では5年に渡って均等に分割計上しています。設備が使えるだろうと思われる期間を耐用年数といい，分割計上される費用を減価償却費といいます。

また，減価償却費と同額だけ貸借対照表の計上額を減額していきます（ 図表1-14 ③）。減額後の金額を固定資産の帳簿価額，または略して簿価といいます。簿価はまだ償却が済んでいない未償却残高ということです。

図表1-14　減価償却

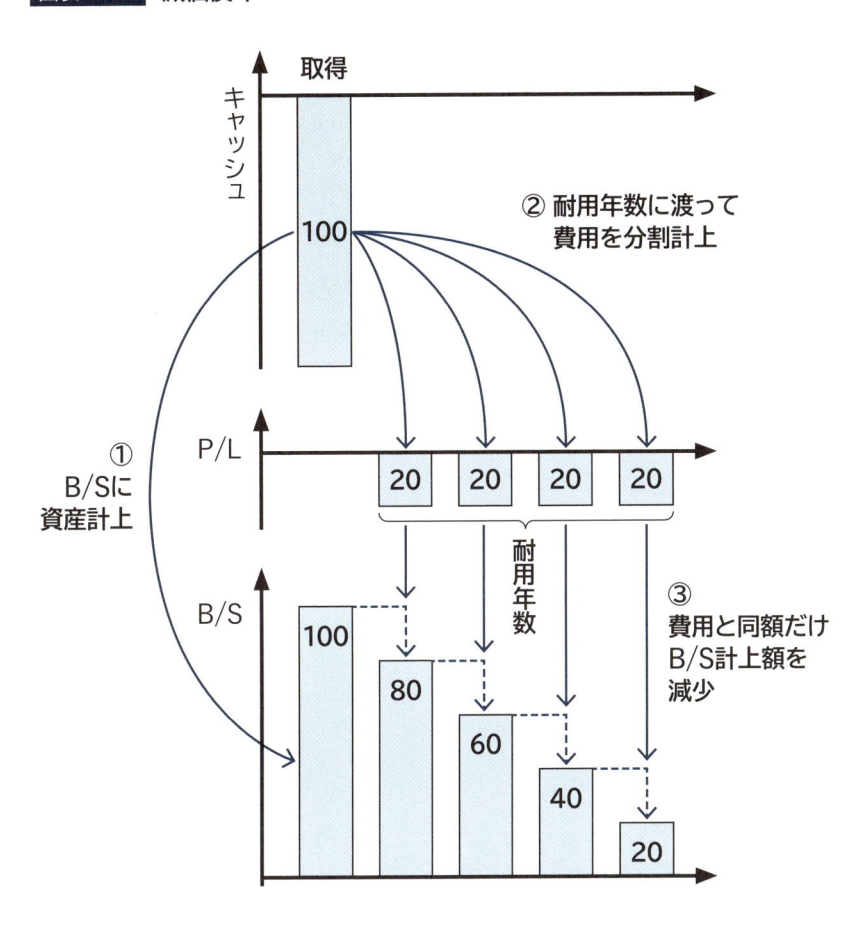

　これが減価償却という手続きですが，なぜこんなことをするのでしょうか。直感的には「お金を支払っているのに，支払ったときに全額が費用にならないのはおかしい」と感じる人もいるでしょう。

　単純な理由は，建物や設備は時間が経てば価値が下がるからです。そのため，貸借対照表計上額を時間の経過とともに減少させていき，その減少分を

費用として認識するのです。

もう1つの理論的根拠が費用収益対応原則です。

そもそも，多額の資金を投じて取得した設備は，取得した年だけ使おうとは思っていません。その設備が使える限り使って製品を製造し，販売しようと思っているはずです。

それなのに，もし設備を取得した年に取得に要した支出額（＝キャッシュ・アウトした額）を全額費用に計上したら，取得年度は大赤字になる一方で，2年目以降は費用が全く計上されませんから多額の利益が出続けているように見えてしまいます。

そこで，設備投資額をその設備を使う期間に渡って分割して費用計上することにしたのです。そうすれば，その設備を使用する期間のすべての売上高に費用を対応させることができるので，費用と売上高の対応関係が合理的になります。

ちなみに，固定資産の中でも土地は減価償却の対象になりません。土地は更地にすれば元に戻るので，価値が下落しないと考えられるからです。これは，耐用年数が無限だからとも言えます。

▍資産除去債務

資産除去債務とは，設備などの有形固定資産を廃棄などによって処分する際に見込まれる支出に対する債務のことです。

有形固定資産を除去する際に発生する支出は，それが発生する除去時に「処分費」などの名目で費用に計上するというのが普通の発想だと思います。

ところが，制度的にはそうなっていません。制度的には，取得時に資産除去時に要する支出額を見積もって負債に計上するとともに，同額を取得原価に加算することになっています。

なぜ，このような複雑なことをするのでしょうか。

　負債に計上するのはまだ理解できると思います。有形固定資産を除去する際に見込まれる支出額は，資産の取得時にほぼ確定している支払義務だからです。負債は，将来のキャッシュを減少させる負のポテンシャルですから，将来見込まれる支払義務を負債に計上するわけです。

　分かりにくいのは，それを取得原価にも加算することでしょう。

　取得原価に含めると，減価償却の手続きによって，取得原価とともに資産除去債務も耐用年数に渡って費用として分割計上されます。これがやりたいことです。もうお分かりですね。その理論的根拠は費用収益対応原則です。

　除去時に必要となる支出額は，耐用年数に渡って資産を使ってきたからこそ発生するものです。ということは，その支出額も耐用年数に渡る収益獲得のためということですから，耐用年数に渡って費用を分割計上すべきということです。

　キャッシュ・アウトのタイミングが使用前なのか使用後なのかという違いはあるものの，減価償却費と資産除去債務は耐用年数に渡って収益獲得に貢献する支出額であるという点では同じです。そのため，両者とも費用収益対応原則の下で費用の計上の仕方を同じくすることで，理論的一貫性を保っているのです。

固定資産の減損

　まず制度的な言い方をそのまましますと，固定資産の減損とは，固定資産の回収可能価額が帳簿価額よりも下落したときに，帳簿価額を回収可能価額まで切り下げ，その切り下げた額を減損損失としてその期の費用に計上する処理です。

　何だか難しい言い回しがたくさん出てきました。まず，「帳簿価額」とは，文字通り，現時点において会計帳簿に計上されている額です。直感的に言え

ば，「回収すべき投資額の残高」ということです。

　回収可能価額とは，これも文字通り，その固定資産から今後得られるキャッシュの額です。制度的には，それは使用価値と正味売却価額のいずれか大きい方ということになっています。使用価値とは，その固定資産を使い続けたときに今後得られるキャッシュの見込額です。正味売却価額とは，その固定資産を今売却したときに得られる正味のキャッシュの額です。

　使用価値と正味売却価額のうち大きい方が「回収可能額」というのは，考えてみれば当然です。その固定資産からキャッシュを獲得する方法は，その固定資産を使い続けて新たなキャッシュを得るか，使うのを止めて売り払うか，そのどちらかしかないからです。

　その大きい方と比べたとしても現時点の帳簿価額より低いということは，現時点において回収すべき投資額の残高をどうやっても回収できない状態になってしまっているということです。つまり，投資が失敗することがほぼ確実になったということです。

　投資が失敗したことが確定するのは，その固定資産を使い切ったときですが，そこまで待たずに失敗がほぼ確実になった時点でそれを費用として前倒し計上しようということです。もうお分かりですね。これも理論的根拠は保守主義の原則です。

▋引当金

　引当金にはさまざまな種類の引当金があります。　図表1-1（a）　（10頁参照）の日立製作所の貸借対照表を見ると，貸倒引当金，工事損失引当金，退職給付引当金という引当金が見受けられます。これ以外にも，製品保証引当金や賞与引当金など数多くのものがあります。

　引当金は種類が決まっているわけではなく，以下の4つの要件を満たす場合には必ず計上することが求められます。

① 　将来の費用

② 　原因は当期以前に既に発生

③ 　費用の発生可能性が高い

④ 　費用の金額を合理的に見積もり可能

　具体的な会計処理は，見積もった費用の額を当期の費用として計上し，同額を負債に計上します。ただし，貸倒引当金だけは負債に計上する代わりに資産にマイナス計上します。

　4つの要件のうち，中心となるのは最初の2つの要件です。この2つの要件が言っていることは，将来の費用なのでまだ実際には発生していないけれども，その原因が既に発生しているならば，実際には発生していない費用を費用として計上しろということです。

　まだ発生していない費用を費用として計上するというのは，普通の発想ではなかなか出て来ないでしょう。

　その理論的根拠の1つは発生主義です。

　発生主義とは，「収益と費用は，収入と支出ではなく，その発生の事実に基づき計上する」というものでした。費用が顕在化してキャッシュが流出するのは将来のことであっても，その原因が発生しているならば，発生している期に費用を計上すべきということです。

　2つ目の理論的根拠は費用収益対応原則です。

　たとえば，賞与引当金は翌期に支給する予定の賞与額です。実際に賞与を支払うのは翌期ですが，一般に翌期の賞与額は，当期の下半期の業績や各人の人事考課に基づき決定されます。ということは，原因は既に当期中に発生しているので，負債に計上するとともに当期の費用として計上します。

　賞与引当金の算定根拠となった下半期のそれぞれの人の働きは，その下半期の収益に貢献しています。そうであるならば，費用はそれが貢献した収益

の計上と同じ期に計上すべきというのが，費用収益対応原則の考え方になります。

　3つ目の理論的根拠は保守主義です。これが一番しっくりくるかもしれません。

　費用はまだ顕在化していなくても，その発生可能性が高いならば，費用の発生というバッド・ニュースは早期に開示するべきということです。

　『北斗の拳』（武論尊・原作，原哲夫・作画）という漫画に，「お前はもう死んでいる」という有名なセリフがありますが，引当金は「既に死んでいるなら，死んでいることにしよう」ということです。

　貸倒引当金は，保守主義を根拠にすると理解しやすい引当金です。貸倒引当金とは，売上に伴う債権や誰かにお金を貸した貸付金のうち，将来，債務者が支払い不能に陥ることによって当社が回収できない可能性の高い額です。それを貸倒見積高と言います。

　損失が発生するのは実際に債務者が支払い不能になったときですが，たとえば法人顧客であれば経営状況の悪化など，支払い不能につながる原因が既に発生した期に費用として計上します。

　貸倒見積高は将来予測に基づいて見積もりますが，貸倒見積高の見積もりに数学的手法が用いられることがあります。

　ちなみに，貸倒引当金だけは右側の負債に計上する代わりに，左側の資産にマイナス計上するのは，貸倒引当金の対象である売掛金や貸付金などの債権が計上されている流動資産から貸倒引当金を控除することによって，流動資産を「短期的な回収可能額」という意味にするためです。

4 税金のお話

● 税金の種類と計算

▌税務と会計は似て非なるもの

　企業が納めなければならない税金には様々なものがありますが，ここでは企業にとって最も主要な税金である，利益を課税対象とする税金について説明します。利益を課税対象とする税金は法人税，住民税，事業税の3つがあります。これらをまとめて法人税等とも言います。

　「利益を課税対象とする」と言いましたが，これは「利益に税率を掛けて税金を計算する」という意味ではありません。その説明をするために，まず言葉について確認しておきましょう。

　3.3節で，損益計算書のプラスとマイナスはそれぞれ収益・費用と言い，その差額を利益と言うことを説明しました。

　税務上はまた違う言葉を使います。税務上のプラス概念を益金，マイナス概念を損金と言います。この2つの言葉は日常用語としては馴染みがないと思いますが，その差額を表す言葉は聞いたことがあると思います。この差額を所得と言います。「所得」というと，所得税のイメージから個人に関する言葉だと思っている人がいますが，そうではありません。個人か法人に関わらず，所得とは利益に相当する税務上の差額概念を表す言葉です。

　式で書くと以下のようになります。

P/L：収益 － 費用 ＝ 利益

税務：益金 － 損金 ＝ 所得

法人税等はこの所得に税率を掛けて計算します。利益に税率を掛けるわけではありません。

　では，収益・費用と益金・損金とはどのように異なるのでしょうか。

　ざっくり言うと，収益と益金にはそれほど大きな違いはありません。大きな違いがあるのは，費用と損金です。費用でありながら損金として認められる範囲が小さくなっているのです（ 図表1-15 ）。

　簡単に言えば，**税法とは，損金として認める範囲に制限をかけまくっているルール集**です。その結果，多くの場合，会社が計算した利益よりも所得の方が大きくなります。それに税率を掛けるわけですから，お上がお上の思惑通り年貢を徴収できるというわけです。

図表1-15　収益・費用と益金・損金の違い

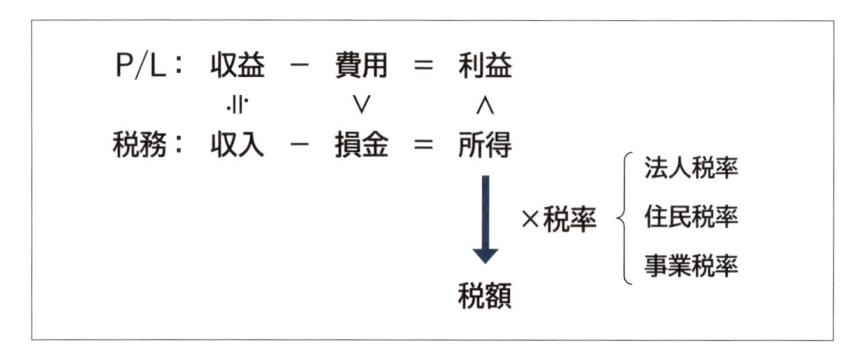

▌ 法人税等の計算プロセス

　法人税等を計算する際に基本となるのは，会社が会社の判断で作成した損益計算書です。その収益・費用がもし益金・損金とそれぞれ同じならば，利益がそのまま所得になります。しかし，一般的には収益・費用と益金・損金には違いがあるので，その違いを修正して，利益を所得に換算してから税率を掛けて納税額を計算します。

　所得を計算するには益金と損金からあらためて計算してもいいのですが，実際には，収益と益金との差と，費用と損金との差をすべて利益に対して調整することによって，利益を所得に換算するという方法が採られます。

　差には次の4パターンがあります（ 図表1-16 ）。

---

① **益金不算入**：収益だが益金にはならない

② **益金算入**：収益ではないのに益金に入れなければならない

③ **損金不算入**：費用なのに損金として認められない（これがたくさんある）

④ **損金算入**：費用ではないのに損金として認められる

図表1-16 　利益と所得の4つの違い

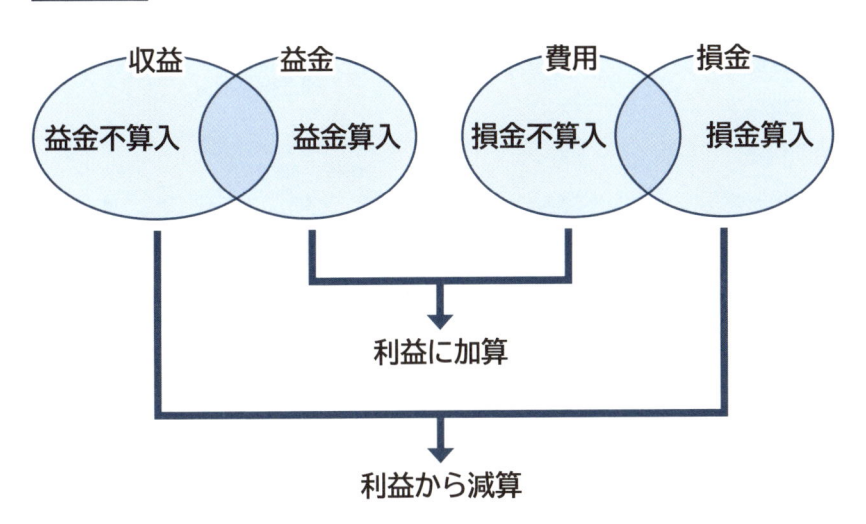

　この4パターンの差を利益に加減算して所得に換算します。具体的には，益金算入項目と損金不算入項目は利益よりも所得を大きくしますから，利益に対して加算調整をし，益金不算入項目と損金算入項目は利益よりも所得を

小さくしますから，利益に対して減算調整をします。

企業が法人税等を計算するプロセスは以下のようになります（ 図表1-17 ）。

図表1-17 法人税等の計算プロセス

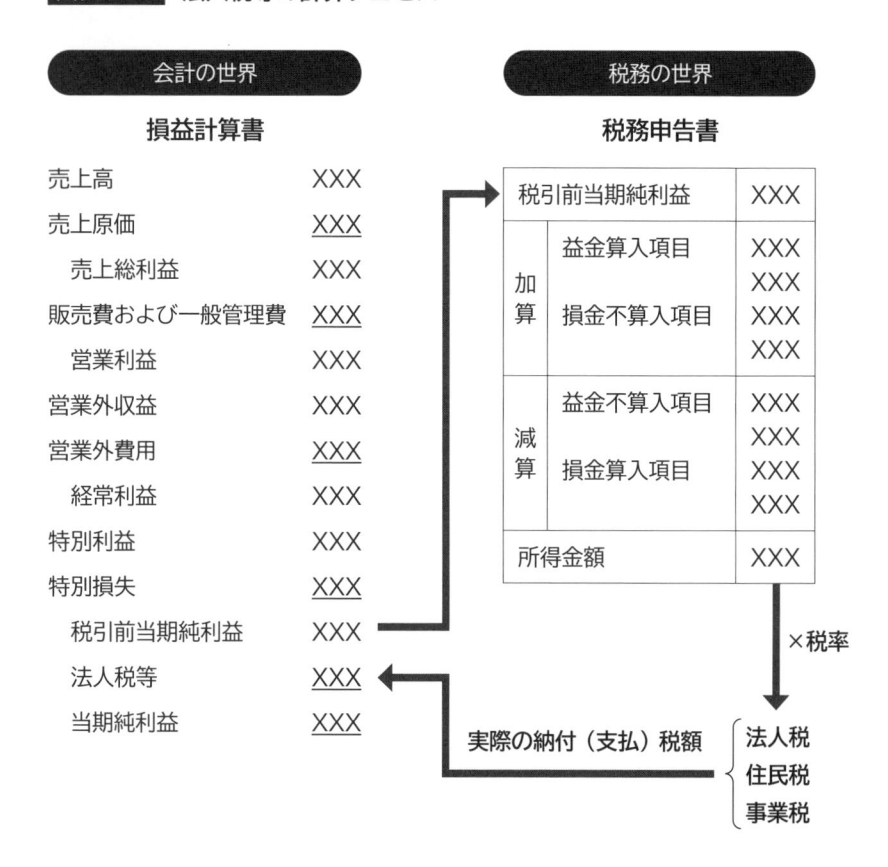

企業は，まず決算書を作成します。これは会計の世界です。 図表1-17 の損益計算書で税引前当期純利益まで計算したら， 図表1-17 の右側に飛んでいきます。こちら側は税務の世界です。

　税務の世界では，税引前当期純利益に対して先ほどの4パターンの違いを加減算して所得に換算し，それに税率を掛けて法人税，住民税，事業税という3つの税額を計算します。

　利益を所得に換算し，税額を計算するための書類が税務申告書と呼ばれるものです。税務申告書は別表と呼ばれる20種類ほどの書類から成っています。ちなみに，4パターンの違いを調整して，利益から所得に換算するための書類は別表4※です。それ以外の大半の別表は勘定科目ごとの明細書です。

　税務申告書で税額を計算し終わると， 図表1-17 の左側に戻って来ます。これでやっと，損益計算書に法人税，住民税及び事業税が計上できるのです。

※ 実際の別表4では，税引後の当期純利益に対して調整する形で記載しますが，本質的には税引前当期純利益に対する調整なので， 図表1-17 ではあえて税引前当期純利益に対して調整するような書き方にしています。

PART I

数学と会計

　数学が苦手だという人に話を聞くと，「小学校の算数までは分かったんですけどねー」と言う人が多いようです。高校の数学になると，「もはや何を言っているのか意味不明だった」と言う人もいます。

　数学に対するつまずきの1つは，算数から数学への壁を越えられなかったことにありそうです。それはおそらく具体的思考と抽象思考の壁です。

　たとえば，「1個100円の商品を10個売ったときの売上高は100円×10個＝1,000円」と計算するのは算数です。これを「1個p円の商品をx個売ったときの売上高はpx円」とするのが数学です。算数は目の前で起こっている具体的な事象を計算するものですが，数学はそれを限りなく一般化しようとします。一般化するために，pやxという文字がたくさん出てきます。数学は「数の学」と書きますが，むしろ「文字の学」なのです。具体的な数を扱うのは算数です。

　pやxなどの文字を使えば一般化できるだけでなく，「販売価格pをいくらにすると売上高が最大になるか」というようなことも分かるようになります。未来が予想できるようになるということです。

　文字を使うことによって抽象度が増します。それは，直感的に理解できる現実世界からどんどん乖離していくことを意味します。これが数学を分かりにくくしている大きな要因でしょう。

　たとえばベクトル。高校までの範囲では，ベクトルは現実世界と結び付けて説明されます。その象徴が矢印による表現です。矢印によって向きと大きさを表現する訳です。

　現実世界は3次元空間ですから，高校までのベクトルの要素は3つまでです。

ところが，大学以降になると，ベクトルの要素の数はnという話になります。矢印も使いません。

　ベクトルを「複数要素の集まり」と定義すれば，確かに一般的なベクトルはn次元ということになります。しかし，現実世界にはn次元空間などありません。こうなってくると，もう論理的思考の遊びのように感じ，それこそ「何の役に立つの？」と言いたくなるかもしれません。

　しかし，直感的な世界を超越するところに人類の英知があるのです。もし，直感的なものしか理解できなかったら，科学技術の発展はあり得ません。現在の情報通信社会を実現している電子や電波は，見ることも触ることもできませんから。

　「現実世界は3次元空間」と言いましたが，最近の研究では，宇宙空間は10次元とも11次元とも言われています。ですから，「我々人類が認識できるのは3次元まで」と言う方が正確でしょう。ほんの500年前まで，人類はこの地球を平面だと思っていたわけですから，直感的には3次元であることさえ，まともに把握できていなかったのです。直感だけでは本当の真実など分からないのです。

　実は，n次元ベクトルは現実の世界でも役に立っています。空間という現実と切り離せば，n次元ベクトルは多数の変数をまとめて扱う手段になります。この考え方は，統計学やAIの分野でも頻繁に使われています。

　抽象化はビジネスにおいても重要です。日本企業はとかく他社事例を知りたがりますが，ただ単に成功事例を知っても何にもなりません。成功した企業にはどういう特性があって，どういう条件が満たされたから成功したのか──そういう"抽象化作業"をして初めて他社事例は役に立つのです。

　抽象的思考は"オトナの思考"です。数学はもちろん，ビジネスにおいても抽象的思考力は重要なのです。

　xなどの変数を含む数式を**方程式**と言います。本節は，数学の基本とも言える方程式についてのお話です。

　次のような問題があったとき，皆さんはどのように考え，どのように解くでしょうか。

> 　原価が1個60円の商品を100円で販売している。店舗全体で固定的に発生している費用は月200,000円である。利益がちょうど0になる販売数はひと月当たり何個か。

　この問題に対する1つの解法は，

　「1個当たりの利益は100円/個−60円/個＝40円/個。この利益で固定費の200,000円を回収しきれば利益は0になるから，200,000円÷40円/個＝5,000個」

のように解く方法です。このように，いきなり数字を使って計算するのは算数です。

　これを数学的に解くと以下のようになります。

> 　販売数をx個とすると，
>
> 　　　　ひと月当たりの売上高＝$100x$
>
> 　　　　ひと月当たりの総費用＝$60x + 200,000$
>
> となる。売上高−総費用＝利益であり，それが0になるxを求めればよいから，

$$100x - (60x + 200,000) = 0$$

$$(100 - 60)x = 200,000 \qquad (\text{II}-2-\text{①})$$

$$x = \frac{200,000}{100 - 60} = 5,000 \cdots\cdots (\text{答})$$

　このように説明すると、「なんでわざわざxなんか使うんだ」「かえって分かりにくい」と言われることがよくあります。しかし、私に言わせれば、算数的な解き方の方がはるかに難しいのです。

　算数的な解き方では、まず「1個当たりの利益が固定費を回収しきれば利益は0」という考え方にたどり着かなければなりませんが、それが簡単ではありません。既にお気づきの方もいると思いますが、この問題は損益分岐点の問題ですから、損益分岐点の公式を知っていればそのように解けたかもしれませんが、それはたまたま公式を「知っていた」だけであって、自ら解いたわけではありません。

　また、そこで使う「1個当たりの利益」は、売価から変動費だけを控除した貢献利益です。これも、そういう利益概念を知らなければ、おそらく計算できません。

　つまり、算数的に解くためには、相当いろいろなことを頭でゴチャゴチャ考えなければならないということです。

　それに対して、数学的な解き方でやっていることは、「売上高−総費用＝0」と言われていることを、xを使ってそのまま式で書いているだけです。あとは"式が解いてくれる"のです。

　xを使わずに算数的に解こうとする人は非常に多いですが、同時に、企業研修などでそれで解ける人はほとんどいません。算数的に解くことがいかに難しいかということです。

　ちなみに、「固定費を貢献利益で回収しきる点が損益分岐点」というのは、式（II-2-①）を解釈した結果です。こんなこと、式を使わなければ思いつきません。

　方程式を使って問題を解く場合,「販売数を x 個とする」というように,何を変数とするかを最初に宣言するのがお決まりです。学生時代,この決まり文句を毎回書くのは面倒くさいと思っていた人もいるのではないでしょうか。

　実は私も,中学生の頃はそう思っていました。「何を x にするかなんて分かり切っているじゃないか」と思いつつ,先生が「必ず書け」と言うので,毎回儀式のように書いていたというのが正直なところです。

　確かに,「利益が0になる販売数を求めよ」という問題であれば,販売数を x にすればいいことは分かり切っているように思えます。ところが,現実は,変数が分かり切っているなどということは,あまりありません。それどころか,変数はいくつもあって,それらが絡み合っているというのが現実です。

　たとえば,「売上高を最大にするにはどうすればいいか」という単純な問題を考えてみましょう。変数は何でしょうか？

　「そんなの売上高でしょう」という考え方では,「売上高を上げろ！」と発破をかけるだけの根性論になってしまいます（そういう会社,たくさんありますが）。

　この場合,販売単価を p 円,販売量を x 個とすれば,売上高は px となります。これでもう変数は2つです。もし,経済原理通り,販売量の増加に伴って販売単価が下落するとすれば,販売単価 p は販売量 x で表現できます。そうなると,売上高を最大化する問題は,販売量が変数の問題だということになります。その場合,たとえば製造業であれば,製造量を決める生産計画がその会社にとってまず決めるべきことということになります。

しかし，販売単価pと販売量xの間に何らかの関係があるということは，販売量xが販売単価pで決まるとも言えます。そう考えると，売上高を最大化する問題は，販売単価が変数の問題だということになります。その場合，マーケティング担当者のプライシングが重要な決定事項ということになります。また，競合の少ない寡占型ビジネスの場合は，企業に価格決定権がありますから，価格を変数と考えた方が戦略が立てやすいかもしれません。

　さらに，売上高を「市場規模×シェア」と捉えたならば，変数は市場規模とシェアということになります。このうち，市場規模は，多くの企業にとっては変えられない定数でしょうけれども，業界に大きな影響を与えうる企業にとっては，市場規模も変数と考えるべきかもしれません。

　このように，変数，すなわち自社において解くべきものが，販売量なのか，販売単価なのか，シェアなのか，さらには市場規模なのかによって，取るべき戦略も，具体的な行動も，それを担当する部署も変わってきます。

　何を変数とするかは，「何が分からないか」を明確に自覚することであり，「何を変えるつもりなのか」という方針を明確にすることなのです。

　「分からないことは分からない」と自覚することは非常に重要です。先の例でも，売上高を販売価格×販売量と考えた場合，そのどちらも分からないはずです。分からないものは，まずは「分からない」として，その後，相互の関係性を探ったり，短期的には変えられないものは定数とみなしたりして，変数を少なくしていくのです。

　最初から分かった気になるのは思い込みです。思い込みをしていたら正解にはたどり着けません。ましてや，変なプライドから分かったような振りなどしていたら，解ける問題も解けません。

　問題解決の第一歩は，「分からないことは分からない」とする謙虚さです。「何かをxとする」という宣言は，その謙虚な姿勢を自覚するためのものなのです。

4 マイナスとは何か
～引き算ではなく方向を表す

　算数から数学になって初めて登場するものに負の数があります。-3のようなマイナスの数です。算数でも引き算はありますが，単独のものとして負の数を扱うのは数学からです。

　マイナスを使った数と言えば，たとえば温度があります。「マイナス10℃」と言われれば，「相当寒そうだな」という感じがしますね。これくらいまでなら感覚的にも理解できると思います。

　ところが，負の数の演算となると，そんな簡単な話ではなくなってきます。以下の計算はどうなるでしょうか。

$$(1) \quad 2-3$$
$$(2) \quad 2 \times (-3)$$
$$(3) \quad -2 \times 3$$
$$(4) \quad (-2) \times (-3)$$

　まず，書き方の約束として，負の数はカッコで囲むことになっています。それは，たとえば(2)でカッコを付けないと，×と−という記号が連続してしまって分かりにくくなるからです。ただし，(3)のように，式の先頭に負の数が来る場合は他の記号と連続する心配がないので，カッコは省略可能です。もちろん，(4)のように，先頭に来る負の数にカッコを付けても構いません。

　では答え合わせです。(1)は-1です。これは「2から3は引き切れず1不足するから-1」ということですから，まだ直感的に分かりますね。(2)は-6ですが，負の数を掛けるとはどういうことなのでしょうか？ (3)も-6です。(4)は6という正の数になりますが，この「マイナスとマイナスを掛けるとプラスになる」という訳の分からない"ルール"あたりから数学嫌いが始まった

人もいるかもしれません。

　マイナスを引き算の延長で考えていると（2）以降は理解できません。言葉を換えると，数の「大きさ」だけでは理解できないということです。

　マイナスは「向き」を表す概念です。ある方向をプラスと定めたら，その反対方向がマイナスです。**マイナスという演算記号は「向きを変えろ」という意味**です。

　これは数直線を使って考えるとよく分かります。

図表 2-1　負の数の演算

(a)　$2-3$

(b)　$2\times(-3)$

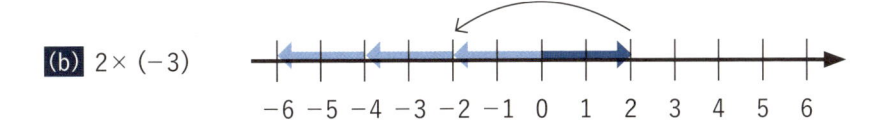

(c)　-2×3

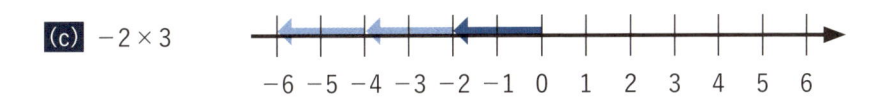

(d)　$(-2)\times(-3)$

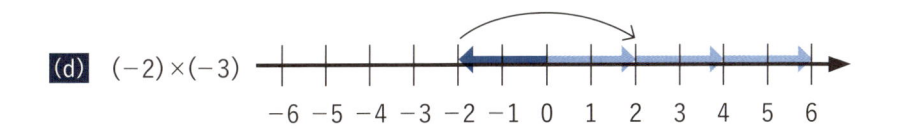

　図では右方向をプラスとします。

　図表2-1（a） が $2-3$ です。これは，「右に2進んだ地点から反対方向に3進

む」ということです。それによって到達する点は−1です。すごろくで「3戻る」という，あの感覚です。

　図表2-1（b）が2×（−3）です。これは「2という地点を反対方向に反転させてから3倍する」ということです。それによって到達点は−6になります。

　図表2-1（c）が−2×3です。これは「−2という地点を方向を変えずに3倍する」ということです。だから，これも到達点は−6になるわけですが，図（b）とは意味が異なります。

　図表2-1（d）が（−2）×（−3）です。これは「−2という地点を反対方向に反転させてから3倍する」ということです。（−2）は左を向いていますから，これを右に反転させてから3倍するので，到達点はプラス6になるわけです。

　これがマイナスの意味ですが，理屈を理解して「マイナスとマイナスの掛け算はプラス」ということの気持ち悪さがなくなったら，後は「そういうものだ」と割り切って使いこなすことに徹することが重要です。自動車の仕組みを突き詰めるよりも自由に乗りこなせることの方が，圧倒的多数の人にとっては重要なのと同じです。

　ちなみに，物理学の世界では「時速60kmの速度で走っている自動車Aの前方に，時速−50kmで走っている自動車Bが見える」と言ったら，自動車Bは自動車Aと反対向きに走っていることを意味します。これは自動車Bは逆走していて，時速50kmで自動車Aに向かって走って来ているということですから，自動車Aは一刻も早く逃げなければいけません。

キャッシュ・フローの符号の意味
～「キャッシュ・フローはベクトル」という世界初（？）の説明

「 4 マイナスとは何か」では，マイナスの意味について説明しましたので，本節ではそれを踏まえて，キャッシュ・フローの符号（プラス・マイナス）の意味についてお話したいと思います。

まず，「キャッシュ・フロー」と「キャッシュ」は何が違うか分かりますか？それを理解するには，ストックとフローの違いを理解する必要があります。

ストックとは一時点の残高のことであり，フローとは一定期間の残高の増減のことです。財務諸表の中では，貸借対照表がストック情報，損益計算書がその正味財産である純資産の増減を表すフロー情報になっています。

キャッシュ・フローは，文字通り，フロー概念です。それに対して，キャッシュはストック概念です。貸借対照表の中の「キャッシュ」，すなわち現金及び現金同等物だけに焦点を当てて，その増減を表しているのが「キャッシュ・フロー」です。

数学的に言うならば，キャッシュはスカラー量，キャッシュ・フローはベクトル量と言えます。スカラー量とは大きさだけを表す量です。ベクトル量は大きさと向きを表す量です。ベクトルは高校の数学では矢印で表現されます。

ベクトル量のマイナスは向きが反対であることを意味します。したがって，キャッシュ・フローのマイナスは，キャッシュが企業から出て行く，すなわち減少することを意味します。「残高がなくなった」という意味ではありません。

「残高がなくなった」を意味するのはキャッシュがマイナスになったときです。現物のキャッシュが0を下回ることはあり得ませんが，概念的には「不足している状態」を意味します。預金残高がマイナスになると，自動的に銀行

から借りている状態になります。

　図を見てください。右側が資金提供者との"財務活動"，左側が投資してリターンを獲得する"事業活動"です。企業におけるキャッシュの循環は，資金提供者からの資金調達（ 図表2-2 ①），それを使った投資（ 図表2-2 ②），投資した結果の資産からのキャッシュの獲得（ 図表2-2 ③），資金提供者への還元（ 図表2-2 ④）となります。

図表2-2　キャッシュ・フロー

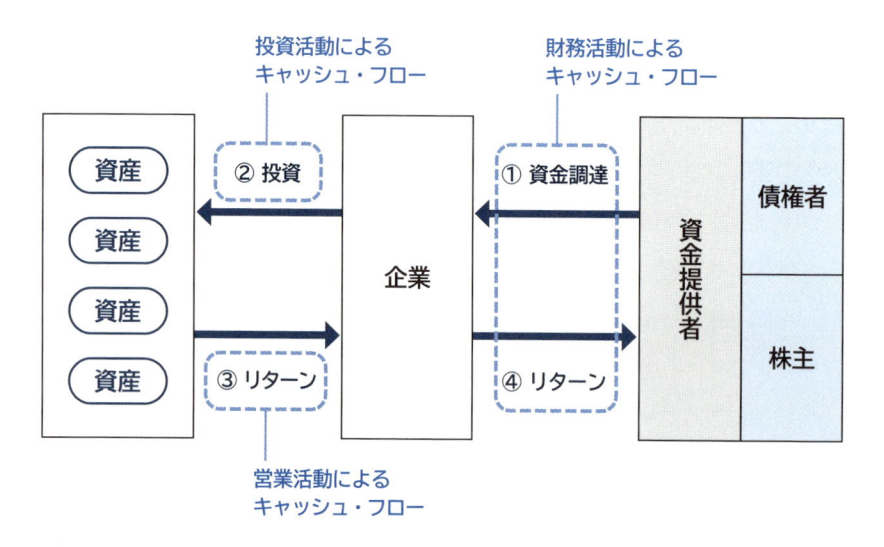

　 図表2-2 ③が営業活動によるキャッシュ・フロー（営業CF），同②が投資活動によるキャッシュ・フロー（投資CF），同①と④が財務活動によるキャッシュ・フロー（財務CF）です。

　図の矢印の向きから，それぞれのキャッシュ・フローの正常な符号が分かります。企業に向かう方向がキャッシュを増加させるので，その方向をプラスとすると，営業CFはプラス，投資CFはマイナスがそれぞれ正常です。

財務ＣＦは資金調達と資金提供者へのリターンの大小関係に依存します。新規借入れ等の資金調達をしなければ④の矢印の方が大きくなりますから，通常は財務ＣＦはマイナスで，時々プラスになるという感じです。

キャッシュ・フローの符号の意味が分かると，フリー・キャッシュ・フロー(FCF)の意味が分かります。FCFの定義式は以下のようになります。

$$FCF = 営業CF + 投資CF$$

この定義式から，言葉でも「FCFは営業ＣＦと投資ＣＦの合計」と言われますが，キャッシュ・フローがベクトル量だということが分かっていないと「合計」の意味が分かりません。正常な符号は営業ＣＦ＞０，投資ＣＦ＜０ですから，ベクトル的には営業ＣＦから投資ＣＦを引いているのです。つまり，図の左側の事業活動において，「投資による減少とリターンによる増加を相殺した正味の増加分」がFCFということです。事業活動による正味の増加分は企業が自由に使えます。だから「フリー」なのです。

式の変形

～変数を一箇所にまとめて裸にする

> ある商品を販売するのに，1個当たりの変動費が60円，固定費が総額100,000円かかります。この商品を100円で販売する場合，損益分岐点となる販売数は何個でしょうか。

　これは損益分岐点の基本的な問題ですが，解けない人が結構います。そのほとんどは，方程式の解き方が分かっていないからです。

　販売数量をx個とすると，売上高の総額は$100x$，費用の総額は$60x+100,000$となります。損益分岐点は売上高と費用が等しくなる点ですから，

$$100x = 60x + 100,000 \qquad (Ⅱ\text{-}6\text{-}①)$$

を満たします。これは変数xに関する方程式になっています。これからxを求めることを「xについて解く」と言います。「xについて解く」とは，式（Ⅱ-6-①）を変形していって"xを裸にする"ことです。

　方程式において，「＝」を「等号」と言い，等号の左右をそれぞれ「左辺」「右辺」と言います。左辺と右辺をまとめて「両辺」と言います。また，一方の辺から見た他方の辺を「他辺」と言います。

　式の変形の基本は，両辺に同じ操作を加えることです。左辺と右辺が等号で結ばれている状態は，いわば天秤で釣り合っている状態ですから，両辺に同じ重りを加えたり除いたりしても，釣り合っている状態は変わらないというイメージです。

　まず，変数xを1箇所に集めるために，以下のように式（Ⅱ-6-①）の両辺から$60x$を引きます。

$$100x - 60x = 60x + 100,000 - 60x$$

$$\therefore 100x - 60x = 100,000 \qquad (\text{II-6-②})$$

式（II-6-②）は，**図表2-3** のように，式（II-6-①）右辺にあった$60x$の符号を＋から－に反転させて左辺に移したような結果になっています。つまり，項目は符号を反転させて他辺に移すことができるということです。

図表2-3

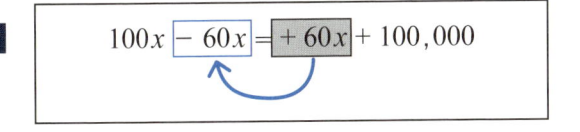

$$100x \boxed{- 60x} = \boxed{+ 60x} + 100,000$$

符号を反転させて他辺に移す操作を「**移項**」と言います。**方程式を解く第1歩は，移項によってxを1箇所にまとめること**です。

式（II-6-②）の左辺の$100x$と$60x$のように，xという同じ変数の付いた項目を「**同類項**」と言います。同類項どうしは加算・減算ができます。なぜならば，$100x - 60x$とは「100個のxから60個のxを引く」ということだからです。したがって，式（II-6-②）は，

$$40x = 100,000 \qquad (\text{II-6-③})$$

となります。

これで大分xが裸になってきました。あとはxに付いている40を剥がすだけです。$40x$は$40 \times x$ということであり，それは$x \times 40$と同じですから，xから40を剥がすには掛け算の反対の割り算をしてあげればいいですね。

式（II-6-③）の両辺を40で割ると，以下のようになります。

$$40x \div 40 = 100,000 \div 40$$

$$\therefore x = 100,000 \div 40 \qquad (\text{II-6-④})$$

$$= 2500 \text{（個）}$$

式（II-6-④）は，**図表2-4** のように，左辺にあった$\times 40$の符号を×から÷に反転させて右辺に移したような結果になっています。これは正式には

移項とは言いませんが，符号を反転させて他辺に移しているという点では，感覚的には移項と同じです。

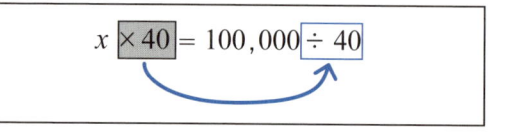

$$x \times 40 = 100{,}000 \div 40$$

　これでxについて解けました。方程式を解く手順は，移項によって変数xを1箇所にまとめ，xにまとわりついているものを，やはり移項のような操作で剥がしていくということです。

　なお，多くの本に書かれている損益分岐点の式は以下の式です。

$$損益分岐点 = \frac{固定費}{1 - 変動費率}$$

もし，この"公式"に当てはめて計算しようとすると，まず変動費率を$60 \div 100 = 0.6$と求めてから，

$$\frac{100{,}000}{1 - 0.6} = 250{,}000$$

と計算します。この"公式"は損益分岐点の売上高を求めるものなので，これを販売単価100円で割ってやっと求めたい販売数量が2,500個だと分かります。

　"公式"に当てはめて計算しようとするとこうなります。考えることを面倒くさがって，機械的に公式に当てはめて答えを出そうとする人が多いですが，実ははるかに面倒くさいことになります。問われていることをそのまま方程式にして解いた方が速いですし，スマートです。

最近，頻繁に見聞きするようになった財務指標にROICがあります。ただ，どれだけ明確な理由があって皆さんが使っているのかについては，私は少々懐疑的です。ROICを使っているという企業の方に出会うと，「なぜROICを使っているんですか？」と聞いてみますが，それに対する圧倒的多数の答えは，「なぜ?! ……なぜですかねぇ？」です。企業の本音は「皆が使っているから」という日本企業にありがちな理由が最大の理由なのかもしれません。そうなると，それこそ単なる流行りということになります。

ROICとは一体何なのか。単なる流行りものなのか。もしくはちゃんとした意義があるのか。本節ではそれを数式を使って理論的に考察してみたいと思います。

ROICはReturn On Invested Capitalの頭文字で，一般的には以下の式で定義されます。

$$\text{ROIC} = \frac{\text{EBIT}\,(1-T)}{\text{有利子負債} + \text{株主資本}} \qquad (\text{Ⅱ}\text{-}7\text{-}①)$$

分子のEBITは Earning Before Interest and Taxで，利息と税金を支払う前の利益です。Tは利益を課税対象とする税率ですので，EBITに $(1-T)$ を掛けることによって税引後にしています。これによって，分子はあと利息を支払えば当期純利益になる利益になります。支払利息は債権者に還元され，当期純利益は配当という形で株主に還元されますから，式 (Ⅱ-7-①) の分子は，債権者と株主という資金提供者に対する還元原資という意味になります。

これを債権者が拠出した有利子負債と株主が拠出した株主資本で割っていますから，式 (Ⅱ-7-①) の分母と分子はいずれも債権者と株主という資金

提供者の視点になっているという点で，完全に整合性が取れています。これが，第一のROICの理論的意義です。

　第二の意義は，資本構成に拠らない純粋な儲ける力を見るのに役立つということです。

　「利益率」でよく使われる経常利益や当期純利益は支払利息控除後の利益なので，負債の大小，すなわち資本構成に左右されてしまい，企業の純粋な儲ける力を表しません。

　それに対して，ROICで使われるEBITは支払利息控除前の利益なので，資本構成に左右されず，その企業の純粋な儲ける力を表してくれます。これがROICの2つ目の意義です。

　ただし，いくつかあるROAの定義式の中に

$$ROA = \frac{EBIT}{総資産}$$

（Ⅱ-7-②）

というROAがあります。これは，特に日本の教科書的な本でよく見られる定義式です（日本では，EBITを「事業利益」と言っています）。式（Ⅱ-7-②）の分母には有利子負債と株主資本以外のものも含まれるため，分母と分子の整合性は完全ではありませんが，式（Ⅱ-7-②）を使えば「資本構成に左右されない純粋な儲ける力を見たい」という目的は叶えられます。したがって，既に式（Ⅱ-7-②）で定義されるROAを使っている企業においては，ROICの第二の意義は薄れます。

　ROICの第三の意義は，EVAをコントロールする指標という意義です。

　EVAはEconomic Value Addedの頭文字を取ったもので，日本語では経済的付加価値と言われるものです。これは以下の式で定義される制度にはない利益概念です。

$$EVA = EBIT \times (1 - T) - (有利子負債 + 株主資本) \times WACC$$

（Ⅱ-7-③）

式（Ⅱ-7-③）におけるWACC（137頁参照）は加重平均資本コスト（Weighted Average Cost of Capital）です。「資本コスト」というのは企業側から見た言い方で，その実態は資金提供者が企業に期待する利回りです。具体的には，債権者にとっては利息であり，株主にとっては配当と株価です。有利子負債と株主資本という投下資本にその利回りを掛けることによって，債権者と株主から見た期待リターンになります。

ところで，配当と株価は会計的にはコストではありません。会計的にはコストではない株主からの期待利回りを「コスト」と言うところがEVAのミソです。

制度的には，株主への経済的還元は債権者のそれに劣後しています。株主への配当は，支払利息を含むすべての費用を控除した"残り物"である当期純利益からなされるからです。

EVAを拠り所にすると，経済的分配において債権者と株主が同列に扱われることになります。なぜならば，式（Ⅱ-7-③）のEVAは，株主からの期待リターンもコストとみなし，それを控除したものを"利益"としていますから，EVAをプラスにすることは，債権者と株主からの期待リターンを同時に上回ることを意味するからです。

EVAを指標として使う根底には，株主重視という考えがあるのです。

では，どうすればEVAという利益をプラスにできるでしょうか。それは，式（Ⅱ-7-③）を以下のように変形すると見えてきます。

$$EVA$$

$$= EBIT \times (1-T) - (有利子負債 + 株主資本) \times WACC$$

$$= (有利子負債 + 株主資本) \times \left(\frac{EBIT(1-T)}{有利子負債 + 株主資本} - WACC \right)$$

$$= (有利子負債 + 株主資本)(ROIC - WACC) \qquad (Ⅱ-7-④)$$

これより, $EVA > 0$ となるには,

$$ROIC > WACC$$

であればいいことが分かります。

実際, ROICはWACC（加重平均資本コスト）と比較されることがしばしばあります。その理論的根拠はこういうことです。そして, これがROICの第三の意義です。

ただ, 裏を返せば, 株主重視ということを特に掲げていないのであれば, ROICがWACCを上回っているかどうかを気にすることは, ほとんど意味がないということになります。

本節でやっていることは, 分数式を少々変形しながら式の意味を"読む"ということをしているだけです。たったそれだけで, 物事の本質が見えてくるのです。

8 ▶ 定率法の昔と今
～理論的だったものが人為的なルールになった

　ある固定資産を定率法で減価償却するとしましょう。固定資産のn年目の簿価をC_n，償却率をrとすると，$(n+1)$年目の減価償却費は$C_n r$ですから，$(n+1)$年目の簿価C_{n+1}は，

$$C_{n+1} = C_n - C_n r$$
$$= C_n (1-r) \qquad (\text{II}-8-\text{①})$$

となります。

　この式は，ある期の簿価は，前期の簿価に（1－償却率）を掛けたものになることを意味しています。たとえば償却率が0.2の場合，前期の簿価からその0.2に相当する額を引いたものが当期の簿価になるということは，前期の簿価に0.8を掛けることと同じですから，考えてみれば当然です。ただ，そのように考え付かなくても，式（II-8-①）がそれを教えてくれるのが数学の威力でもあります。

　一般に，ある項に常に同じ数を加えたものが次の項になる（言葉を換えると，差が一定）という関係にあるものを等差数列と言います。また，ある項に常に同じ比率を掛けたものが次の項になるという関係（言葉を換えると，比が一定）にあるものを等比数列と言います。定額法の簿価は等差数列になっていますが，式（II-8-①）から分かるように，定率法の簿価は等比数列になっています。

　式（II-8-①）から，定率法の場合のn年目の簿価C_nは以下のようになります。

$$C_n = C_{n-1}(1-r)$$

$$= C_{n-2}(1-r) \cdot (1-r) = C_{n-2}(1-r)^2$$

$$= C_{n-3}(1-r) \cdot (1-r)^2 = C_{n-3}(1-r)^3$$

$$= \cdots = C_0(1-r)^n \qquad (\text{II-8-②})$$

ここで，C_0は0年目の簿価ですから，取得原価です。式（II-8-②）は，**n年目の簿価を求めるためのよく知られた式**です。

式（II-8-②）から，残存価額がSの場合の償却率rを求めてみましょう。

耐用年数をn年，残存価額をSとすると，n年後の簿価が残存価額に等しくなるので，$C_n = S$を式（II-8-②）に代入すると，

$$C_0(1-r)^n = S$$

$$(1-r)^n = \frac{S}{C_0} \qquad (\text{II-8-③})$$

となります。

求めたいのはrですから，式（II-8-③）からrを裸にします。そのためにはn乗の逆の演算をする必要があります。**n乗の逆演算はn乗根**と言い，aのn乗根は$\sqrt[n]{a}$と表します。最も単純なのは$n=2$の場合で，この場合を特に**平方根**と言い，$\sqrt{}$ で表します。

$\sqrt[n]{a}$ は数学的に$a^{\frac{1}{n}}$と同じなので，Excelで計算する場合はべき乗の演算子「^」を使ってa^$(1/n)$と計算することができます。

式（II-8-③）の両辺のn乗根を取れば，次のようになります。

$$1 - r = \sqrt[n]{\frac{S}{C_0}} \qquad (\text{II-8-④})$$

$$\therefore r = 1 - \sqrt[n]{\frac{S}{C_0}} \qquad (\text{II-8-⑤})$$

式（Ⅱ-8-④）から式（Ⅱ-8-⑤）への変形は，「式（Ⅱ-8-④）の左辺の1を右辺に移項してから，両辺に−1を掛ける」と考えてもいいですし，「式（Ⅱ-8-④）の$-r$と$\sqrt[n]{\dfrac{S}{C_0}}$をそれぞれ他辺に移行し，左右を入れ替える」と考えてもいいでしょう。

　残存価額が取得原価の10％だった時代は，$S/C_0 = 0.1$を使って償却率を計算していました。現在は残存価額は原則0ですので，$S = 0$を式（Ⅱ-8-⑤）に代入すると$r = 1$となってしまいます。これは，1年目に取得原価の全額を償却費とすることを意味します。こうなるのは当然で，$0 < r < 1$の場合，永遠にrを掛け続けても簿価が0になることは絶対にないので，簿価を0にするためには即時償却するしかないのです。

　現在の定率法の償却率は，定額法における償却率の2倍とすることになっていますが，以前は2.5倍でした。要するに人為的に定められているということです。残存価額が0の場合，理論的に償却率を求めることができないので，人為的に定めざるを得ないのです。

9 不等式の変形
～マイナスを掛けると不等号の向きが変わる

> 　ある製品を自社で製造する場合，製造コストは1個当たり200円であるが，それ以外に初期投資として4,500,000円が必要である。外注すれば1個350円の外注費だけで済む。自社で製造する方が有利になるのは，製造量が何個より多いときか。

　製造量をx個とすると，内製した場合の支出額は$200x + 4,500,000$，外注した場合の支出額は$350x$なので，内製した方が有利になるのは以下の場合です。

$$200x + 4,500,000 < 350x \qquad (\text{II-9-①})$$

　式（II-9-①）は変数xに関する不等式になっています。解き方は方程式の場合と基本的に同じで，やるべきことは式（II-9-①）を変形して"xを裸にする"ことです。

　式の変形も基本的に方程式と同じで，両辺に同じ操作を加えることです。左辺と右辺は天秤が傾いた状態で釣り合っている状態ですから，両辺に同じ重りを加えたり除いたりしても，釣り合っている状態は変わらないというイメージです。

　ただし，1つだけ方程式と異なることがあります。それは，両辺に負の数を掛けると不等号の向きが変わることです。割り算も同様です（何かで割ることはその逆数を掛けることなので，割り算と掛け算は本質的に同じです）。

　「4　マイナスとは何か」で話したように，マイナスは向きを表すものですから，マイナスを掛けると不等号の向きが変わるのです。プラス方向に大きな数をマイナス方向に反転するとより左に行くので，数の大小で言えば小

さくなるのです。たとえば3＞2ですが，両辺に−1を掛けたものは−3＜−2となるということです（ 図表2-5 ）。

図表2-5 向きが反転すると，プラス方向に大きかった数はより左に
行くので，数の大小関係では小さくなる

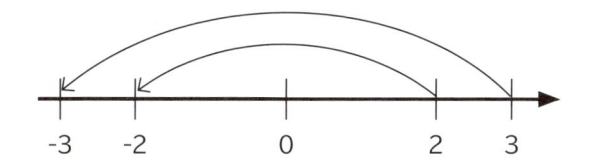

では式（Ⅱ-9-①）を解いてみましょう。まず，右辺の$350x$を左辺に移行し，左辺の$4,500,000$を右辺に移項すると，以下のようになります。

$$200x - 350x < -4,500,000$$
$$-150x < -4,500,000 \qquad (Ⅱ-9-②)$$

移項の本質は，両辺に対する同額の加算・減算ですから，不等号の向きは変わりません。

xを裸にするために，式（Ⅱ-9-②）の両辺を-150で割ります。ここでは不等号の向きが変わるので，以下のようになります。

$$x > \frac{-4,500,000}{-150} = 30,000$$

よって，$30,000$個より多く製造すると，内製した方が有利になります。

次回の準備のために，もう少し複雑な以下の不等式を解いてみましょう。

$$\frac{2}{x} \leqq \frac{1}{x-1}$$

分母に変数がある場合は，安易に分母を払ってはいけません。分母の符号が分からないので，符号の向きが変わるか変わらないか分からないからです。こういう場合は，以下のように，どちらかの辺に集めて通分するのが定

石です。

$$\frac{2}{x} - \frac{1}{x-1} \leqq 0$$

$$\frac{2(x-1)-x}{x(x-1)} \leqq 0$$

$$\frac{x-2}{x(x-1)} \leqq 0 \qquad (\text{II-9-③})$$

式（II-9-③）の左辺の符号はxの値によって下の表のようになります。

式（II-9-③）の分母は0になれないので，$x \neq 0$，$x \neq 1$であることに注意すると，式（II-9-③）を満たすxは，$x < 0$，$1 < x \leqq 2$となります。

x	$\cdots$	0	$\cdots$	1	$\cdots$	2	$\cdots$
x	$-$		$+$		$+$		$+$
$x-1$	$-$		$-$		$+$		$+$
$x-2$	$-$		$-$		$-$		$+$
式（II-9-③）の左辺	$-$		$+$		$-$		$+$

定率法の制度はこういうこと
〜分かりづらい制度の裏にシンプルな数学あり

現在, 定率法による税務上の償却限度額は以下のような制度になっています。

定率法の償却限度額＝帳簿価額 × 定率法の償却率　　　　（II-10-①）

ただし, 調整前償却額[注1] が償却保証額[注2] に満たない場合は

定率法の償却限度額＝改定取得価額[注3] × 改定償却率[注4]　　（II-10-②）

注1.「調整前償却額」とは, 式（II-10-①）で計算した償却限度額
注2.「償却保証額」とは, 減価償却資産の取得価額に, その減価償却資産の耐用年数に応じた
　　保証率（耐用年数省令別表第九, 第十に規定）を乗じた金額。
注3.「改定取得価額」とは, 調整前償却額が最初に償却保証額に満たなくなる事業年度の期首
　　未償却残高。
注4.「改定償却率」は耐用年数省令別表第九, 第十に規定。

何やらいろいろな言葉が飛び交い, 何がしたいのかよく分からない制度ですが, 実はやろうとしていることは非常にシンプルです。前々節 **8** で解説したように, 定率法では簿価を0にすることができないので, **定率法の償却費が十分に小さくなったら定額法に切り替えて, 残りの年数で強制的に簿価を0にするということがやりたい**のです。

切り替える時点の簿価が「改定取得価額」です。「改定償却率」は定額法の償却率ですから, 残存耐用年数の逆数です。また, 定額法に切り替えた後の償却費が「償却保証額」です。「それよりも償却費が小さくなることはない」というニュアンスです。

この制度を数学的に紐解いてみましょう。

n年目から定額法に切り替えるとすると，残存耐用年数は（耐用年数 $- n +$ 1）になります。1を加えないと残存耐用年数にならないことは簡単な数字を使えばすぐに分かります。たとえば，耐用年数が10年の場合，8年目における残存耐用年数は8年から10年目までの3年ですが，耐用年数10年から8年を引いただけでは2年となってしまうので，1年を加える必要があるわけです。

「定率法の償却費が十分に小さくなった」ことの判定は，「定率法をやり続けた場合の償却費が，その時点で定額法に切り替えた場合の償却費より小さくなったとき」というのがこの制度の元々の考え方です。

200％定率法を前提にすると，定率法の償却率は

$$\frac{1}{\text{耐用年数}} \times 2 = \frac{2}{\text{耐用年数}}$$

ですから，定額法に切り替える条件は以下のように表せます。

$$\text{帳簿価額} \times \frac{2}{\text{耐用年数}} < \frac{\text{帳簿価額}}{\text{耐用年数} - n + 1} \qquad (\text{II-10-③})$$

式（II-10-③）の左辺が定率法の償却費，右辺が定額法に変更した場合の償却費です。

式（II-10-③）は両辺に帳簿価額がありますから，両辺を帳簿価額で割って消去しておきましょう。帳簿価額 > 0 なので不等号の向きは変わらないことに注意すると，以下のようになります。

$$\frac{2}{\text{耐用年数}} < \frac{1}{\text{耐用年数} - n + 1}$$

これは，前節 **9** で説明した分数式の不等式ですので，左辺に集めて通分しましょう。

$$\cfrac{2}{\text{耐用年数}} - \cfrac{1}{\text{耐用年数} - n + 1} < 0$$

$$\cfrac{2\,(\text{耐用年数} - n + 1) - \text{耐用年数}}{\text{耐用年数}\,(\text{耐用年数} - n + 1)} < 0$$

$$\cfrac{-2n + \text{耐用年数} + 2}{\text{耐用年数}\,(\text{耐用年数} - n + 1)} < 0 \qquad (\text{II} \text{-} 10 \text{-} ④)$$

ここで，

$$\text{耐用年数} > 0$$

かつ

$$\text{耐用年数} - n + 1 \;(=\text{残存耐用年数}) > 0$$

なので，式（II-10-④）の分母は常に正です。したがって，式（II-10-④）が成り立つためには分子が負であればいいですから，

$$-2n + \text{耐用年数} + 2 < 0$$

$$-2n < -\text{耐用年数} - 2$$

$$n > \cfrac{\text{耐用年数}}{2} + 1 \qquad (\text{II} \text{-} 10 \text{-} ⑤)$$

　途中の式変形はちょっと難しかったかもしれませんが，結論は非常にシンプルです。式（II-10-⑤）は，定額法に切り替える年数が耐用年数だけの簡単な式で決まることを意味しています。たとえば，耐用年数が10年であれば，式（II-10-⑤）の右辺は6になりますから，定額法に切り替えるのは7年目からであることが容易に分かります。

　定額法に切り替える年数が n のとき，

$$\text{その直前の簿価} = \text{取得原価} \times (1 - \text{償却率})^{n-1}$$

を残存耐用年数で割ったものが償却保証額になります。償却率＝2／耐用年数

ですから，

$$償却保証額 = \frac{取得原価 \times (1 - 2/耐用年数)^{n-1}}{耐用年数 - n + 1}$$

となります。

これより，保証率（＝償却保証額／取得原価）は以下のようになります。

$$保証率 = \frac{償却保証額}{取得原価} = \frac{(1 - 2/耐用年数)^{n-1}}{耐用年数 - n + 1} \qquad (\text{II} - 10 - ⑥)$$

式（Ⅱ-10-⑥）から，保証率が耐用年数だけで決まることが分かります。だから，耐用年数省令別表において耐用年数ごとに保証率を一覧表にできるわけです。

ただし，そんな一覧表は必要ありません。「式（Ⅱ-10-⑤）を満たすn年目から，残存耐用年数で均等償却する定額法に切り替える」という制度にすれば，必要なのは式（Ⅱ-10-⑤）だけです。調整前償却額，償却保証額，改定取得原価，改定償却率などの言葉も１つも要りません。

この制度は，数学という言語を使えば本来はシンプルな話であるものを，数学という言語を使わずに言おうとするから複雑で難解なものになっているように私には見えます。

11 独立変数と従属変数
～要素分解の鉄則の先に見えてくる善玉コスト悪玉コスト

　売上高利益率を上げるためにはどうすればいいでしょうか。この一見簡単そうな話，実は意外と簡単ではありません。

　数式で考えてみましょう。売上高利益率は，言うまでもなく以下のようになります。

$$売上高利益率 = \frac{利益}{売上高} \qquad （Ⅱ-11-①）$$

　式の上で考えれば，分子を大きくするか分母を小さくすればいいことになります。分子を大きくするとは利益を増やすことです。ここまではいいと思いますが，この先を多くの人は言いよどみます。分母を小さくするとは売上高を減らすことですが，売上高を減らした方がいいというのはさすがに直感に反するからです。

　なぜこのようなことになるかというと，それは独立変数と従属変数を混在させたまま考えるからです。分析とは「分けて解析する」ことですから要素に分解することは分析の基本ですが，その際の鉄則は独立変数だけで分解することです。

　独立変数とは他の変数に依存しない変数です。それに対して，従属変数とは他の変数に依存する変数です。式（Ⅱ-11-①）について言えば，利益は売上高と費用の差額ですから，売上高と費用の両方に依存する従属変数です。売上高と費用は他の変数に依存せずに決まりますから独立変数です。

　式（Ⅱ-11-①）を独立変数だけで書き換えると，以下のようになります。

$$売上高利益率 = \frac{利益}{売上高}$$

$$= \frac{売上高 - 費用}{売上高}$$

$$= 1 - \frac{費用}{売上高} \qquad （\text{II-11-②}）$$

式（II-11-②）から，売上高利益率を上げるためには，1から引かれる売上高費用率（＝費用／売上高）を下げればいいことが分かります。そのためには，分子を小さくするか分母を大きくすればいいことになります。すなわち，費用を減らすか売上高を増やした方がいいということです。これでやっと直感的にもしっくりくる結論になりました。

さて，この結果から，「利益率を上げるために重要なのはやはり費用削減」と思うかもしれませんが，それは少々違います。

費用と言うと，多くの人は条件反射のように「削減」と言います。要はそれほど嫌われ者だということです。なぜ費用がそれほどまでに嫌われるかというと，キャッシュの流出原因になるからです。

しかし，費用を考える際にはもう一つ，決して忘れてはならない重要な側面があります。それは，費用は売上高の源泉でもあるということです。ビジネスにおいて，お金をかけないところから新たな富は生まれません。

費用には「善玉コスト」と「悪玉コスト」があるのです。これは筆者の造語ですが，キャッシュ・アウトの原因にしかならない費用が悪玉コスト，売上の源泉となる費用が善玉コストです。悪玉コストは徹底的に削減するべきですが，善玉コストはむしろ増やしてもいいのです。

もし，善玉コストを削減すると，今まで以上に売上高が減少しますから，相対的な売上高費用率は上がってしまいます（ 図表2-6（a） ）。これでは本末転倒です。善玉コストならば増やしてもいいのです。その結果，売上高が今ま

で以上に増えてくれれば，相対的な売上高費用率は下がり（ 図表2-6（b） ），売上高利益率は上がるのです。

　この話をすると，「何が善玉コストで何が悪玉コストですか？」と質問されることがありますが，それは各企業が考えることです。たとえば人件費を善玉コストと考えるのか悪玉コストと考えるのかは経営者の価値観の問題であり，誰の人件費なのかによっても変わってくるでしょう。

図表2-6（a） 善玉コストを削減した場合

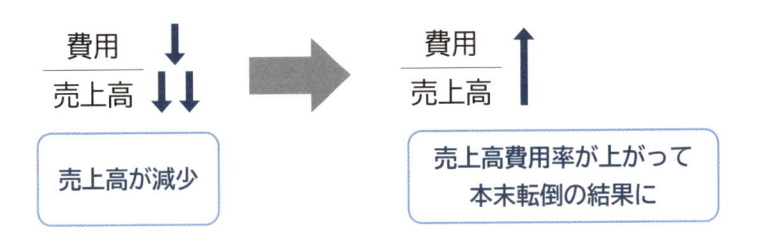

図表2-6（b） 善玉コストを増加させた場合

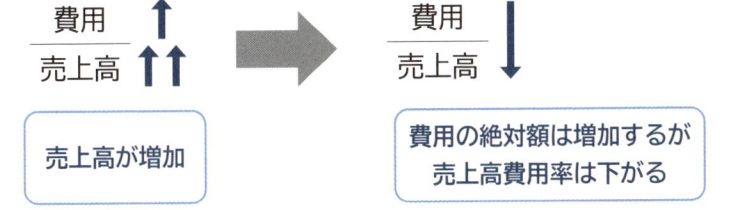

12 ピザ屋はいくら損をしたか
～独立変数と従属変数の混在は間違った意思決定にもつながる

　毎月平均2,000枚のピザを作っているピザ屋さんがあります。ピザの販売価格は1枚800円です。このピザ屋さんでは正社員が2人働いており，人件費の合計は月40万円です。ピザの材料費は1枚300円で，それ以外に店舗家賃などの固定的な経費が毎月20万円かかっています。

　上記から，1枚当たりの利益は以下のようになります。

売上			800円
原価	材料費	300円	
	人件費	200円[*1]	
	その他経費	100円[*2]	600円
利益			200円

　　*1）400,000円/月÷2,000枚＝200円/枚
　　*2）200,000円/月÷2,000枚＝100円/枚

　ある時，お客様が注文して待っている間にゴキブリが出てきたため，お客様は注文をキャンセルして帰ってしまいました。ピザはもう作ってしまったので廃棄処分としました。ゴキブリが出てきたことによる損失はいくらでしょうか。

　これに対して，「お客様を帰らせてしまったことによって200円の利益を失い，ピザを廃棄したことによって材料費300円を無駄にしたので，合計500円の損失」と答える人が少なからずいます。

　結論から言うと，この答えは間違っています。こういう時に重要なのは，どこが間違っているかを説明できることです。なぜならば，実務上，こういう間

違った考え方をする人がたくさんいるからです。**間違った考え方は，間違った経営判断**につながります。

では，何が間違っているのでしょうか。

損得を考える上で重要なのは，要素に分けて考えることです。「原価600円」と見せられると，その数字を使いたくなりますが，そういうことはやってはいけないということです。

そういう意味では，上記の考え方は，「原価」を要素に分けて，材料費だけを使って計算していますから，一応，要素に分けて考えてはいます。

決定的な間違いは，それを利益と合計しているところです。

「 **11** 独立変数と従属変数」でお話ししたように，**要素分解のときの鉄則は，独立変数だけで分解する**ことです。利益は，売上と原価に依存する従属変数なので，これを混在させると結果的に全く意味のない計算をしていることになりかねません。

上記の「利益200円＋材料費300円＝500円」という計算を独立変数だけで書き換えてみましょう。

　　利益200円＋材料費300円

　＝ 売上800円－材料費300円－人件費200円－その他経費100円

　　＋材料費300円

　＝ 売上800円－人件費200円－その他経費100円

結局，この計算でやっていることは「売上から人件費とその他経費だけを引く」ということです。費用のうち，人件費とその他経費だけを売上から引いても，その数字は何も意味しません。もっともらしく見える計算も，実は全く意味のない計算になっているのです。

独立変数だけで要素分解することは，正しい意思決定のためにも重要ということです。

独立変数だけで考えると，売上は，ゴキブリが出てこなければ得られたはず

の800円を逸しています。これはいわゆる**機会費用**です。材料費については，ゴキブリが出てきたのはピザを作った後ですから，ゴキブリが出てきても出てこなくても同じく消費しています。人件費とその他経費は，ゴキブリに関係なく総額は常に一定で変わりません。結局，ゴキブリが出てきたことによる差は，売上高800円を逸した部分です。これがこの度の損失額です。

　最後の部分は数学とは直接関係ないので簡単に説明しましたが，意思決定の考え方としては重要な部分です。そこに関心がある方は，拙著『「管理会計の基本」がすべてわかる本』（発行：秀和システム）などを参考にしてください。

13 関数
～ツールに過ぎないという割り切りが重要

　この節では，今後取り扱う損益分岐点や量産効果などを理解する上で必要となる関数について説明します。**関数のポイントは，主な関数のグラフの形状を知っておくこと**です。

　関数とは，変数xに対して1つの値yが決まる関係式のことです。xがインプット，yがアウトプットと考えてもいいでしょう。これは「1つの変数がこう来たら，もう1つの変数はこう反応する」という，2つの変数の関係性を表すものです。イメージ的には自動販売機のようなもので，あるボタンを押すと下からゴロンと1つの飲み物が出てくるような感じです。関数はかつては「函数」と書いていたこともありますが，これは自動販売機のような函をイメージしていたようです。

　xというインプットに対してyが決まるという関係を，一般的に $y = f(x)$ と書きます。f は関数を表す英語の function から来ています。

　最も基本的な関数は以下の式で表される**一次関数**です。

$$y = ax + b \qquad (\text{II} \text{-} 13 \text{-} ①)$$

　このグラフは 図表2-7 のような直線になります。aを**傾き**，bを**y切片**と言います。$|a|$ が大きくなると，直線は立って行きます。

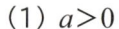

(1) $a>0$　　　　　　(2) $a<0$

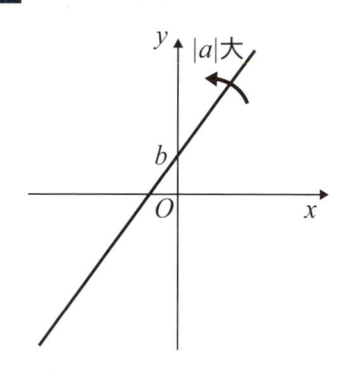
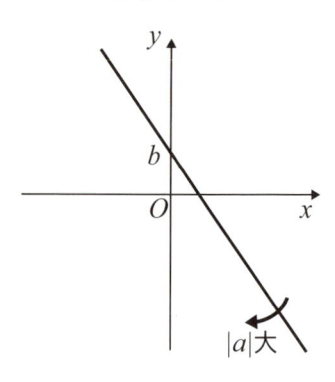

以下の式で表されるのは二次関数です。

$$y = ax^2 \qquad (\text{II}-13-②)$$

x^n の n を x の次数と言います。式の最高次数が n のとき，その式を n 次式といい，その式で表される関数を n 次関数と言います。それで，式 (II-13-①) で表される関数を一次関数，式 (II-13-②) で表される関数を二次関数と言うわけです。

式 (II-13-②) で表される関数のグラフは　図表2-8　のような形になります。

図表2-8　　　　(1) $a>0$　　　　　　(2) $a<0$

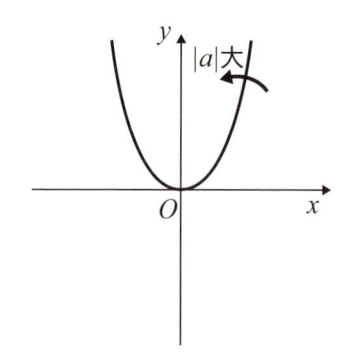
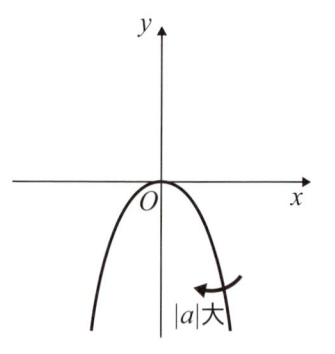

これは物理学的には物を投げたときの軌道なので，放物線と呼ばれます。｜a｜が大きくなると，放物線は細長くなっていきます。

以下の式で表されるのは分数関数です。

$$y = \frac{a}{x} \qquad (\text{II}-13-③)$$

式（II-13-③）で表される関数のグラフは　図表2-9　のようになります。

図表2-9

(1) $a>0$　　　　　　　　　(2) $a<0$

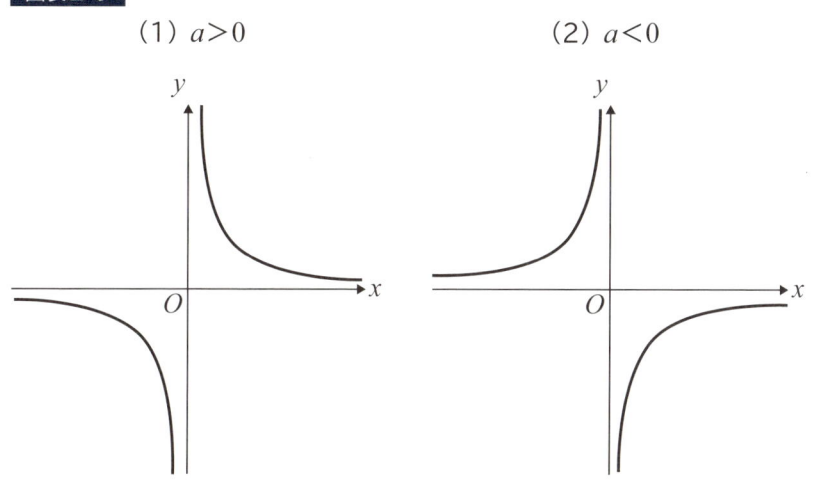

このグラフは対となる2つの曲線からできているので，双曲線と呼ばれます。また，xとyはゼロになることができないので，グラフはx軸とy軸に限りなく近付いていくものの，交わることは絶対にありません。双曲線が近付いていく直線のことを漸近線といいます。　図表2-9　ではx軸とy軸が漸近線になっています。

一般に，関数$y = f(x)$で表されるグラフに対し，$y - q = f(x - p)$で表される関数のグラフは，$y = f(x)$のグラフをx方向にp，y方向にqだけ平行移動したグラフになります。直感的には，座標(p, q)からの差分である$x - p$，

$y - q$ を x, y の代わりに使うということは, 座標 (p, q) を新たな原点としていると考えることができます。

　具体的には, 以下の式 (Ⅱ-13-④), 式 (Ⅱ-13-⑤) で表される関数のグラフは, 図表2-10 のそれぞれ (1), (2) になります。ここでは, いずれも $a > 0$ とします。

$$y - q = a\,(x - p)^2 \qquad (\text{Ⅱ-13-④})$$

$$y - q = \frac{a}{x - p} \qquad (\text{Ⅱ-13-⑤})$$

図表2-10

(1) $y - q = a(x - p)^2$　　　　(2) $y - q = \dfrac{a}{x - p}$

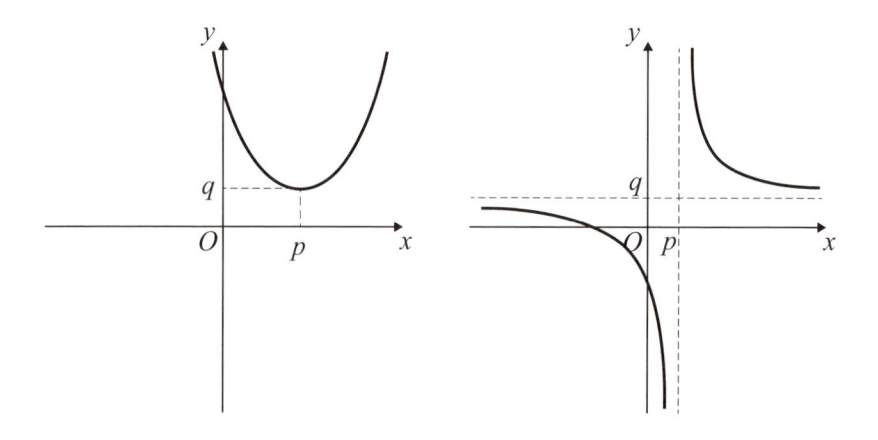

　式 (Ⅱ-13-④) の二次関数の場合, 座標 (p, q) を放物線の頂点と言います。式 (Ⅱ-13-⑤) の双曲線の場合, 直線 $x = p$, 直線 $y = q$ が漸近線となります。

　本節の内容は, もしかしたら心が折れそうになった (既に折れた?) 人もいるかもしれません。数学アレルギーが発症したとするならば, それはやはり"算数から数学への壁" が原因でしょう。関数は, 記号学であり抽象論であるとい

う，数学の象徴的な性格を有するものだからです。しかし，抽象的思考こそ大人の思考です。ここは頑張って，是非理解してください。

理解と言っても，「ふーん，こういう式で表される関係は，一般的にこんな形のグラフになるのかぁ」というだけのことです。どうしてそういう形になるのかと問われたら，「実際に点を打って繋げたら，事実としてそういう形になるから」というのが答えです。その事実を記号を使って一般化しているだけです。

重要なことは，これを使って損益分岐点や量産効果などの具体的な問題を考えることです。そのためのツールに過ぎない数学は，「そういうものか」とある程度割り切って，「分かったつもりになる」というのも，数学と上手く付き合っていくための一つのコツです。

本当に理由を突き詰めたら，哲学の領域になります。少なくとも高校ぐらいまでのレベルであれば，「数学が得意」と言っている（思っている）人は，実は分かったつもりになるのが上手く，ツールとして使いこなすのが上手い人だったりします。

> 現在，売上高が$10,000$円，費用が$14,000$円で赤字になっています。売上高がいくらになれば黒字になるでしょうか。なお，費用のうち，$6,000$円は変動費，$8,000$円は固定費です。

これは典型的な損益分岐点の問題です。売上高が$10,000$円のときに変動費が$6,000$円ということは，売上高変動費率が0.6ということですから，売上高をx，総費用をyとすると，yは以下のように表せます。

$$総費用：y = 0.6x + 8,000 \qquad （Ⅱ\text{-}14\text{-}①）$$

これは，「 **13** 関数」で説明した一次関数になっています。式（Ⅱ-14-①）は，傾きが0.6，y切片が$8,000$の直線になりますから，**図表2-11** の（1）の直線になります。

図表2-11

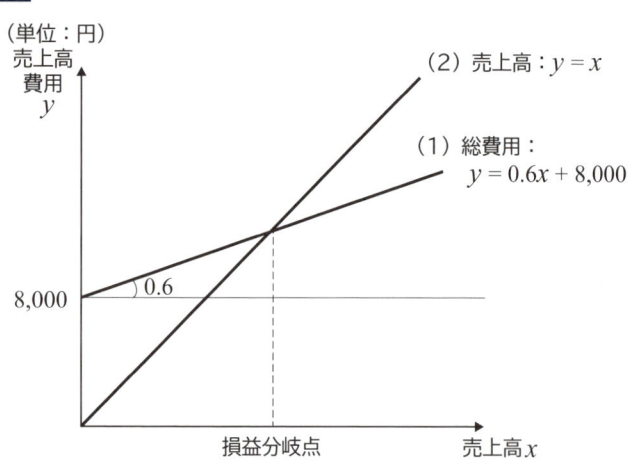

（単位：円）
売上高
費用
y

（2）売上高：$y = x$

（1）総費用：
$y = 0.6x + 8,000$

$8,000$

0.6

損益分岐点

売上高x

これと同じグラフに，売上高yの様子も描いてみましょう。これは簡単で，上記と同じように売上高を変数xとすると，xがそのままyになりますから，次のように表せます。

$$売上高： \quad y = x \qquad (Ⅱ\text{-}14\text{-}②)$$

　これは，傾きが1，y切片が0の直線になりますから，**図表2-11** の（2）のように，原点を通る直線になります。

　ここで気を付けていただきたいのは，式（Ⅱ-14-①），式（Ⅱ-14-②）とも変数xは売上高ですが，yの意味は異なっている点です。式（Ⅱ-14-①）のyは総費用ですが，式（Ⅱ-14-②）のyは売上高です。総費用も売上高も，同一の変数である売上高xで表せるため，それを同一のグラフに描けるわけです。

　同一のグラフに描くことによって，売上高と総費用の関係が明確になります。損益分岐点は，売上高と総費用がちょうど等しくなるところですから，数学的には図の2つの直線の交点を求めることに相当します。

　2直線の交点を求めるというのは，式（Ⅱ-14-①）と式（Ⅱ-14-②）を同時に満たすx，yを求めるということです。それは，式（Ⅱ-14-①）と式（Ⅱ-14-②）からなる「連立方程式を解く」ということです。「連立方程式を解く」というのは，複数の変数に対して複数の式があるとき，その複数の式を同時に満たす変数を求めることです。

　連立方程式を解く基本は，適当な変数を消去して1変数の方程式にしてしまうことです。変数の消去で一番分かりやすいのは"代入"です。式（Ⅱ-14-②）は「yはxだ」と言っているわけですから，これを式（Ⅱ-14-①）のyの代わりに入れてしまいます。すると，

$$x = 0.6x + 8{,}000 \qquad (Ⅱ\text{-}14\text{-}③)$$

となります。これが代入です。

　こうなれば後は簡単です。以下のようにxを求めることができます。

$$0.4x = 8,000$$
$$x = 20,000$$

このときのyは，式（II-14-②）から，やはり$20,000$になります。ちなみに，式（II-14-①）のxに$20,000$を入れてもyは$20,000$になります。式（II-14-①）と式（II-14-②）を同時に満たすx，yを求めているのですから，当然です。

答えを求めるのに必死になってしまったかもしれませんが，この結論はなかなかびっくりしませんか？ $4,000$円の赤字を黒字化するためには売上高があと$4,000$円くらい増えればよさそうに思いがちですが，とんでもないということです。今よりも売上高を$10,000$円も増やして$20,000$円にしなければならないのです。現状の2倍です。このように，直感とは異なる真実が分かるというのは，数学を使う1つの醍醐味です。

ちなみに，管理会計のセミナーをやると，感想に「損益分岐点のところが難しかった」と書かれることがしばしばあります。それは損益分岐点が難しかったのではなく，そこで出てきた数学がよく分からなくて「難しかった」と言っていることがほとんどです。実際，この程度の問題が解けない人が驚くほどたくさんいます。毎回のことにもう慣れて驚かなくなってしまったほどです。

そういう人にならないためにも，関数や連立方程式に是非慣れてほしいと思います。これらは単なるツールですから，いつも言っているように，「そういうもんか」と割り切って使いこなせるようになることがまずは重要です。

15 価格戦略
～数学によって初めて見える意外な真実

あるハンバーガーショップでは，1個200円でハンバーガーを販売しています。その費用は1個当たり160円で，1個当たりの利益は40円です。費用の内訳は以下のようになっています。ここで，原材料費以外は固定費とみなせます。固定費は総額を製造数量で按分しています。

原材料費	60円
正社員人件費	40円
店舗賃借料	20円
その他	40円
	160円

このハンバーガーショップでは，現在月間1,000個を製造販売していますが，販売量を増やして利益を増やすために，販売単価を値下げしようと考えています。最大いくらまで値下げできるでしょうか。

この問題に対してよくある答えは161円です。現在のハンバーガー1個当たりの利益は40円なので，現在の売価200円から40円を引いた160円にしてしまったら利益はゼロになってしまうからです。しかし，それは間違いです。

損益分岐点の図を使うと，このような価格戦略を正しく考えることができます。損益分岐点の図は，CVP（Cost-Volume-Profit）図とも言います。

まず，**固定費は"総額が固定"**ですので，原材料費以外の費用40円＋20円＋40円＝100円の1,000個分，100円×1,000個＝100,000円が固定費です。

　さて，ＣＶＰ図をどう描くかです。管理会計の多くの書物では，**ＣＶＰ図**の変数，すなわちグラフの横軸は売上高になっています。「**14** 損益分岐点の求め方」の内容もそうでした。しかし，ＣＶＰ図の変数は売上高とは限りません。

　このように，個別商品の損益分岐点を考えるような場合は，むしろ個数を変数にした方が分かりやすいです。そして，個数を変数にすると，価格戦略を視覚的に考えることができます。

　ここでは話を簡単にするために，製造量と販売量が等しいとして，その数量をx個としましょう。すると，売上高yは，販売単価200円に数量x個を掛けたものですから，

$$y = 200x \qquad (\text{II}\text{-}15\text{-}①)$$

と書けます。

　一方，総費用は，1個当たりの変動費60円に数量x個を掛けたものに，固定費100,000円を加えたものになりますから，総費用yは

$$y = 60x + 100{,}000 \qquad (\text{II}\text{-}15\text{-}②)$$

と書けます。式（II-15-①）と式（II-15-②）からＣＶＰ図は，　図表2-12　のようになります。

　この　図表2-12　において，値下げは売上線の傾きを傾かせていくことに相当します。なぜならば，**売上線の傾きが販売単価になっている**からです。

　「どこまで値下げできるか」というのは**「どこまで値下げしたら，どれだけ売っても絶対に利益が出なくなるか」**ということです。それは，　図表2-13　のように，売上線の傾きを総費用線の傾き60円と等しくなるまで傾けたときです。このとき，**売上線と総費用線は平行になりますから，これで絶対に売上線は総費用線を追い抜けなくなります。**つまり，無限に売ったとしても利

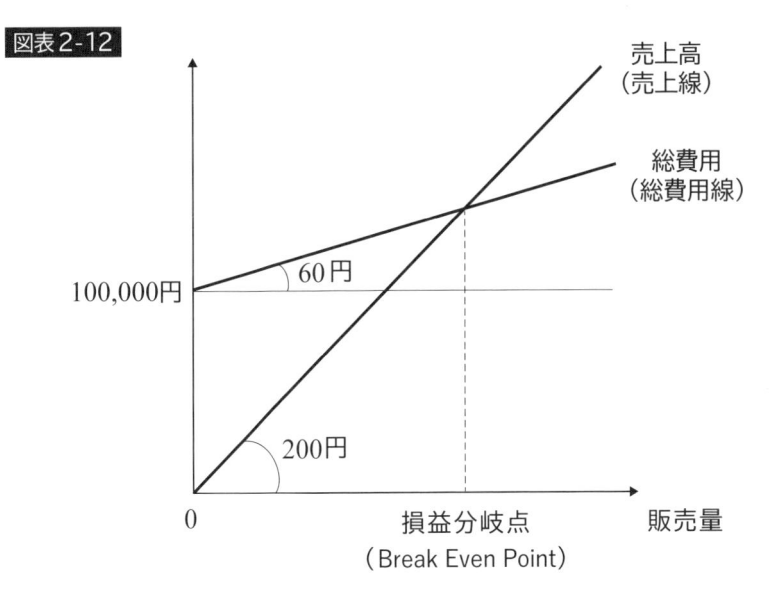

図表2-12

売上高（売上線）

総費用（総費用線）

100,000円

60円

200円

0　損益分岐点（Break Even Point）　販売量

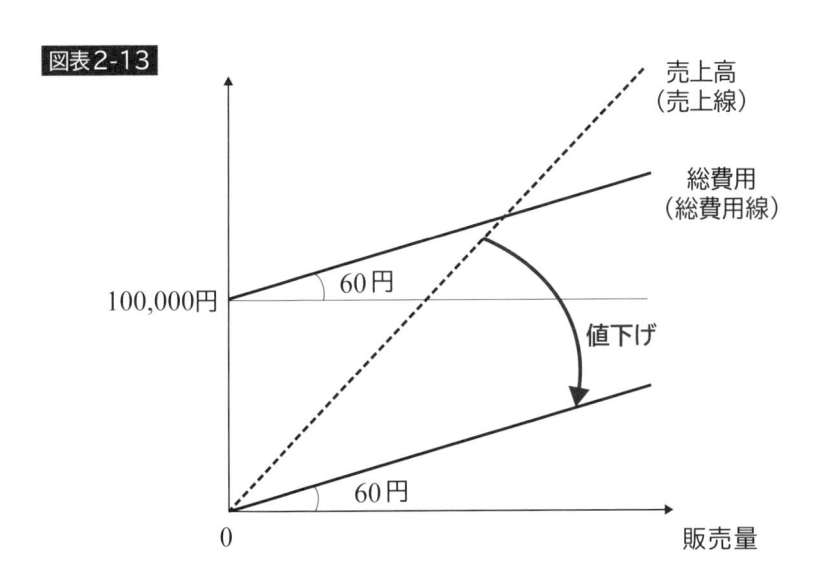

図表2-13

売上高（売上線）

総費用（総費用線）

100,000円

60円

値下げ

60円

0　販売量

益が出ないということです。これが値下げの最下限値です。

逆に，販売価格が61円以上であれば利益は出せます。その代わり，相当大量に売らないと利益は出ません。それは，図表2-13 から分かるように，値下げをして売上線の傾きを傾けると，損益分岐点がどんどん右にシフトしていくからです。こういうことも，図から視覚的に分かります。

管理会計的には，販売単価が60円になると1個当たりの貢献利益が0になるので，固定費を絶対に回収できなくなるということです。

グラフを使って視覚的に考えるというのは数学ではよくやる手法であり，有効な手法です。そのためには，式が表すグラフがどのようになるかという「 13 関数」の内容が前提になるわけです。

16 量産効果の真実
～「たくさん作ればコストが下がる」は本当か？

　よく「大量生産するとコストが下がる」と言われます。製造量を増やすとコストが下がる効果を**量産効果**と言います。「**スケールメリット**」や「**規模の経済性**」という言葉で説明される効果も，基本的に同じです。本節ではこれを数学的に説明しましょう。そこから，**量産効果の重要な真実**が見えてきます。

　ある製品の製造コストのうち，材料費などのように1個当たりにかかる変動費をv，固定費の総額をfとし，製造量をxとすると，製造コストの総額Cは以下のようになります。

$$C = vx + f \qquad (\text{II-16-①})$$

これは，損益分岐点でおなじみの式ですね。

　このCを製造量xで割ったものが製品1個当たりの単位コストになりますから，単位コストをyとすると，以下のようになります。

$$y = \frac{C}{x} = v + \frac{f}{x} \qquad (\text{II-16-②})$$

　これは，「 13 関数」で説明した分数関数です。これがどのようなグラフになるか分かりますか？式（II-16-②）を以下のように変形してみましょう。

$$y - v = \frac{f}{x} \qquad (\text{II-16-③})$$

　このように変形すると，**図表2-14** のような直線$x = 0$（y軸）と直線$y = v$を漸近線とする双曲線になることが分かります。（こういうことが理解できるようになるための「 13 関数」なのです。）

　製造量xは正ですから，$x > 0$の範囲で考えると，**図表2-14** の実線部分が単位コストの動きになります。これから，単位コストは製造量xが大きくな

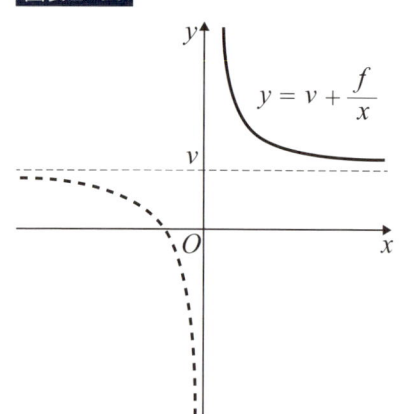

図表2-14

$$y = v + \frac{f}{x}$$

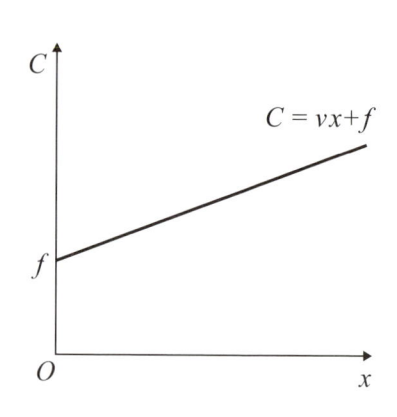

図表2-15

$$C = vx + f$$

るにつれてどんどん小さくなり, 限りなく単位当たり変動費 v に近付いていくことが分かります。

これは直感的に言えば, 製造量が増えると, 1個の製品が負担する固定費がどんどん薄まるので, 単位当たりコストは, 究極的には製品それぞれに必然的にかかる変動費だけになっていくということです。これが量産効果です。

ただし, 式($\mathrm{II} - 16 - ①$)の総コストは 図表2-15 のようになります。

これが何を意味するか分かりますか? 総コストは右肩上がりですから, **製造量を増やすと総コストは必ず増える**ということです。

これも直感的には当然で, 製造量を増やしても固定費の総額は変わりませんが, 材料費などの変動費は製造すれば必ず増えますから, その分, 総コストは必ず増加するのです。

多くの人は**「たくさん作ればコストが下がる」**と言いますが, **この言い方は正解でもあり不正解でもある**ということです。たくさん作ることによって**「単位コストは下がる」**けれども, **「総コストは増える」**のです。

そして, もう一つ重要なことがあります。「単位当たりコスト」の**「単位当たり」**

は，「製造量単位当たり」だということです。それが意味することは，コストが計算される時点では，売れるかどうかは全く考慮されていないということです。ですから，とにかくたくさん作れば計算上の単位コストは下がるのです。

作ったものが売れる見込みがあるならば，製造コストが下がった分，販売価格を下げることができますから，販売価格競争力につながり，意味があります。しかし，売れる見込みがないならば，やっていることは一生懸命働いて不良在庫の山を築いているだけです。売れなければ廃棄処分です。しかも，たくさん作れば総コストは増えます。それは，わざわざ捨てる現金を増やしているのと同じです。

東証プライム市場に上場しているある製造業での話です。その工場では，ある時期，操業度に余裕があり時間的に余裕があったので，ボーっとしているよりはいいだろうということで，皆が一生懸命になって製品を作り置きしていました。その結果，工場には製品在庫の山です。

それを見た私は少々心配になって工場長に聞きました。「こんなに作っちゃって売れるんですか？」すると，工場長はこう言ったのです。「そんなことは知らないよ。売るのは営業の仕事だからな。」

こういうことが，上場企業でも普通に起こるのです。

このような行動が取られるのは，「ボーっとしているより，汗水流して一生懸命働く方がいいことだ」という価値観が暗黙の前提として皆さんにあるからです。しかし，それは全くの感情論です。論理的には，そのときその工場ではボーっとしているのが正解だったのです。

何事もそうですが，中途半端な理解はかえって危険です。量産効果についても，正確に理解しておきましょう。

中学校で習った（はずの）**因数分解**を覚えているでしょうか。因数分解とは，たとえば$x^2 - 5x + 6$という**多項式**（＝複数の項の加減算からなる式）を，

$$x^2 - 5x + 6 = (x - 2)(x - 3) \qquad (\text{Ⅱ-17-①})$$

という**複数の要素の積（＝掛け算）の形に変形すること**です。「因数」というと何やら仰々しいですが，これは**「要因」「原因」**と読み替えると分かりやすいでしょう。**その本質は，何かを複数の要因に分解すること**です。

要因に分解するという意味では，複数要素の足し算・引き算でもよさそうなものですが，数学では複数要素の掛け算の形にすることを因数分解と言います。それは，掛け算の方が数学的に何かと扱いやすいからです。たとえば，

$$x^2 - 5x + 6 = 0 \qquad (\text{Ⅱ-17-②})$$

となるxを求めたい場合，式（Ⅱ-17-②）を眺めているだけでは見当もつきません。それが，式（Ⅱ-17-①）のように掛け算の形になれば，それが0になるのは$(x - 2)$か$(x - 3)$のどちらかが0になるときですから，xは2または3のときだと分かります。

ビジネスにおいても，因数分解の視点を持つと，新たな**CSF**が見つかることがあります。CSFとは，Critical Success Factorのことで，日本語では「**重要成功要因**」と言われます。これは，何かを成功させるために"絶対に押すべきツボ"のようなものです。

CSFは，**KSF**（Key Success Factor）や**KFS**（Key For Success）などとも言われます。

ここで，売上高の因数分解をしてみましょう。会計的な考え方に凝り固まっていると，

$$\text{売上高 = 価格×販売量} \qquad (\text{II-17-③})$$

という分解しか思いつかないかもしれませんが，まだまだあります。頭の体操だと思って皆さんも考えてみてください。さあ，どうでしょうか？

　たとえば，

$$\text{売上高 = 市場規模 × シェア} \qquad (\text{II-17-④})$$

$$\text{売上高 = 来店客数 × 購買確率} \qquad (\text{II-17-⑤})$$

$$\text{売上高 = 訪問回数 × 成約確率} \qquad (\text{II-17-⑥})$$

$$\text{売上高 = 既存顧客数 × リピート率} \qquad (\text{II-17-⑦})$$

のような因数分解があり得るでしょう。

　式（II-17-④）は，すぐに思い付きそうな因数分解です。式（II-17-⑤）は，店舗を構えるビジネスなどに当てはまるでしょう。式（II-17-⑥）は，法人を顧客とするビジネスに当てはまりそうです。式（II-17-⑦）は，そもそも

$$\text{売上高 = 新規顧客からの売上高 + 既存顧客からの売上高}$$

$$(\text{II-17-⑧})$$

という"多項式"があった上で，第2項の「既存顧客からの売上高」を重視するという戦略があっての因数分解です。

　このように，因数分解はビジネスモデルによって変わってきます。そして，どういう因数に分解できるかを考えることが，CSFを考えることにつながるのです。

　因数分解をした後に重要なことは，分解した因数が定数なのか変数なのかを見極めることです。自社として変化させられない定数を何とかならないかと一生懸命考えても時間の無駄です。定数は所与のものとして受け入れ，自社にとっての変数に注力するのです。

　ただ，考え方によっては，一般的に定数とされるものが変数になることもあり得ます。

　たとえば，式（II-17-③）において，一般的に価格は市場で決まりますから，

それを定数と考えれば，ひたすら販売量を追求することになります。そうなると，多くの企業で見られる根性論的営業になります。しかし，商品やサービスの差別化ができれば，高い価格でも売ることができます。そうなれば，いたずらに販売量を追求しなくてもよくなります。自動車業界のフェラーリなどはそのパターンです。

式（II-17-④）においては，市場規模は一企業ではどうにもならない定数であることが普通ですから，そうだとするとあとはシェアの争奪戦になります。しかし，たとえばサッカー業界におけるアディダスのように，その業界において相当のシェアを持っているリーダー企業にとっては，市場規模は変数になり得ます。なぜならば，たとえばワールドカップのメインスポンサーになるなどして，市場規模そのものを拡大する力を持っているからです。

市場規模が拡大すれば競合他社の売上高も上がってしまいますが，一番オイシイ思いができるのはシェア最大の企業なので，市場規模の拡大は業界のリーダー企業にとっては一つの戦略になります。

式（II-17-⑤）においては，冷やかしのお客様が買うかどうかは確率の話なので，それは企業がコントロールできないという意味で定数だと考えれば，あとはどれだけ来店してもらえるかが勝負になります。そうなると，たとえば立地が重要なCSFになります。しかし，購買確率は，接客の仕方によって能動的に変化させられる変数だと考えるならば，接客の質が重要なCSFになります。インスタ映えはイマドキのCSFといえるかもしれません。それがCSFだと考えるならば，立地はもはやCSFではなくなるかもしれません。

式（II-17-⑥）も，成約確率をコントロール不能な確率と考えれば，訪問回数が変数になりますから，「用があってもなくてもお客様の所へ行け！」という根性論的な営業になります。しかし，プレゼンテーションの仕方によって成約確率は変化させられる変数だと考えるならば，営業におけるCSFも変わってきます。

その昔，因数分解が何だかも分からず，とにかく式を変形していた皆さんも，あらためて因数分解という視点をビジネスに取り入れてみてはいかがでしょうか。因数分解思考によって，新たな成功への道筋が見つかるかもしれません。

18 数列
～割引現在価値やリースのための前提知識

　数列は高校の数学で初めて登場する分野です。「数列は苦手だった」という人が結構いるようですが，今後，割引現在価値やリースを理解する前提となりますので，ぜひ理解してください。

　実は，数列は難しくも何ともありません。数列とは，読んで字の如く，「数を並べて列にしたもの」です。そこに法則性があるかどうかは関係ありません。とにかく，数を並べたものが数列です。それだけの話です。

　ただ，数が並んでいると，そこに何らかの法則性を見出したくなるのが人情というものです。法則性があれば，数学的にもいろいろなことができるようになります。

　法則性を見出すのはクイズのようなものです。たとえば，以下のような「数列」において，（　　）に入る数は何だと思いますか？

　　　　　31, 28, 31, 30, 31, 30, 31, （　　）, 30, 31, 30, 31

　これはきっと多くの人が分かったと思います。これは，1月から12月までの日数を並べたものです。（　　）は8番目，すなわち8月に相当しますから，答えは31です。こんなのも立派な数列です。

　もう少し数学的な法則性のある数列を考えてみましょう。以下の（　　）に入る数は何でしょうか。

　　　　　（1）1, 4, 7, 10, （　　）, 16, 19, ……
　　　　　（2）3, 6, 12, 24, （　　）, 96, 192, ……

　（1）は，前の数に3を足したものが次の数になっています。ですから，（　　）に入る数は13です。

　（2）は，前の数に2を掛けたものが次の数になっています。ですから，（　　）

に入る数は48です。

（1）のように，前の数に一定の数を加えたものが次の数になるような数列を**等差数列**と言います。「等差」とは「隣どうしの数の差が等しい」という意味です。一定の差のことを**公差**と言います。また，数列の最初の数を**初項**と言います。この数列の場合，初項は1，公差は3です。

（2）のように，前の数に一定の数を掛けたものが次の数になるような数列を**等比数列**と言います。「等比」とは「隣どうしの数の比が等しい」という意味です。一定の比のことを**公比**と言います。この数列の場合，初項は3，公比は2です。

さて，（1）の数列において，100番目の数は何でしょうか。順に3を足していけば，いずれ100番目の数は分かりますが，さすがに嫌になりますね。数学は一般化・抽象化する学問ですから，法則性が見出せたならば，それを一般化しましょう。

一般化するためのコツは，具体的な実験をしてみることです。たとえば，（1）の3番目の数である7は，初項の1に公差3を2回足しています。ということは，n番目の数をa_nとすると，初項に公差を$(n-1)$回足したものがa_nになるということが分かります。「n番目に対して，n回ではなく，$(n-1)$回足す」という関係性を実験で見つけるのです。

したがって，a_nは，

$$a_n = 1 + (n-1) \times 3$$
$$= 3n - 2$$

となります。これを等差数列の**一般項**と言います。

先ほどの（　）は5番目の数なので，$n=5$とすれば，

$$a_5 = 3 \times 5 - 2 = 13$$

というふうに，ちゃんと求めることができます。また，100番目の数は，

$$a_{100} = 3 \times 100 - 2 = 298$$

であることが一発で分かります。

　一般に，初項をa，公差をdとすると，等差数列の一般項a_nは以下のように
なります。

$$a_n = a + (n-1)d$$

　等比数列の一般項も求めてみましょう。これもまずは具体的な実験をして
みましょう。（2）の3番目の数である12は，初項の3に公比2を2回掛けて
います。ということは，n番目の数をa_nとすると，初項に公比を$(n-1)$回掛
ければa_nになるということが分かります。これも「n番目に対して$(n-1)$回」
です。

　したがって，a_nは，

$$a_n = 3 \times 2^{n-1}$$

となります。

　先ほどの（　　）は5番目の数なので，$n=5$とすれば，

$$a_5 = 3 \times 2^{5-1} = 48$$

というふうに，これもちゃんと求めることができます。

　一般に，初項をa，公比をrとすると，等比数列の一般項a_nは以下のように
なります。

$$a_n = ar^{n-1}$$

　さて，ここで問題です。コピー用紙を何回折ったら月に届くと思いますか？
月までの距離は384,400kmです。また，紙の厚さは0.1mm（$=10^{-4}$m）
とします。

　これは等比数列の問題として解くことができます。紙を折る度に厚さは2倍
になりますから，n回折ったときの厚みは，初項10^{-4}（m），公比2の等比数
列になります。その一般項a_nは，

$$a_n = 10^{-4} \times 2^{n-1} \ (m)$$

となります。月までの距離は384,400km＝384400$\times 10^3$mなので，

$$10^{-4} \times 2^{n-1} = 384400 \times 10^{3}$$

となるnが求める答です。この式を解くのは少々難しいので途中経過は割愛させていただきますが，最終的には常用対数$\log_{10}$を用いて

$$x = \frac{\log_{10} 384400 + 7}{\log_{10} 2} + 1$$

となります。$\log_{10}$は関数電卓やExcelのＬＯＧ１０という関数を使って計算できます。

　結果は約42.8になります。つまり，43回折ると月に届いてしまうのです。等比数列がいかに急激に大きくなるかがよく分かりますね。

　新型コロナウイルス関連のニュースで見聞きした「実効再生産数」は，「1人の感染者が平均何人に感染させるか」を表す数値なので，等比数列の公比に相当します。紙を折る例から分かるように，実効再生産数が1を超えると，感染者数は急激に増えるわけで，場合によっては，それこそ天文学的数字になるわけです。「感染爆発」という表現も，あながち誇張した言い方ではないことが分かりますね。

　本節では, 会計において数列が使われている最も身近な例をご紹介しましょう。それは, 減価償却です。

　減価償却とは, 固定資産の帳簿価額を一定期間に渡って減額させ, その減額させた額を減価償却費という費用に計上する手続きです。

　その理論的根拠は, 固定資産は時間の経過に応じてその価値が減少していくからです。理屈としてはそうですが, 実際のところ, 固定資産の価値がどのように減少していくかは誰にも分かりません。そこで, 制度的には何らかの仮定を設けて計算することになります。

　代表的な仮定は2つです。1つは, 固定資産の価値は時間の経過に伴って, 毎期一定額ずつ減少していくという仮定です。もう1つは, 毎期一定率ずつ減少していく仮定です。前者が定額法, 後者が定率法です。

　今, 取得原価をC_0, 残存価額をS, 耐用年数をlとしましょう。

　定額法の場合, 毎期の減価償却費をdとすると, 取得後n年後の期末の簿価C_nは, 初項が取得原価C_0, 公差が減価償却費$(-d)$の等差数列になりますから,

$$C_n = C_0 + n\,(-d) = C_0 - nd \qquad (\text{II-19-}\textcircled{1})$$

となります。

　ここで,「あれ?! 　$C_n = C_0 - (n-1)\,d$じゃないの?」と思われた方は鋭い。確かに, 等差数列の一般項はそうなりますが, それは$n=1$のときを初項として, 数列を「1項目, 2項目……」と数えることを前提にした場合の一般項です。減価償却では, 取得原価を初項として, その翌年度から「1年後, 2年後……」と数えています。つまり, $n=0$のときを初項としているため, 式$(\text{II-19-}\textcircled{1})$

のようになるのです。

　式(II-19-①)において，$n=l$（耐用年数）のとき，簿価C_lはS（残存価額）になります。したがって，

$$C_l = C_0 - ld = S$$

$$\therefore \text{減価償却費} \quad d = \frac{C_0 - S}{l} = \frac{\text{取得原価} - \text{残存価額}}{\text{耐用年数}} \qquad (\mathrm{II}\text{-}19\text{-}②)$$

という，おなじみの式が得られます。

　ちなみに，土地は，原則的に更地にすれば半永久的に使い続けられますから，耐用年数は無限大です。式（II-19-②）において，分母の耐用年数を無限に大きくすると，減価償却費は0になります。つまり，減価償却はしないということです。これが，土地が償却対象外である数学的説明です。

　次に，定率法について考えてみましょう。定率法の償却率をrとすると，1年目の減価償却費は$C_0 \cdot r$となりますから，1年目期末の簿価C_1は，

$$C_1 = C_0 - C_0 \cdot r = C_0 \, (1 - r)$$

となります。これは考えてみれば当たり前で，たとえば償却率が0.2だとすると，簿価は毎期$1 - 0.2 = 0.8$倍になっていくということです。それはつまり，定率法における取得後n年後の期末の簿価C_nは，初項が取得原価C_0，公比が$(1 - r)$の等比数列になるということです。

　したがって，n年後の期末の簿価C_nは，

$$C_n = C_0 \, (1 - r)^n \qquad (\mathrm{II}\text{-}19\text{-}③)$$

となります。これは，n年目の簿価を求める“公式”として，よく本に書かれている式です。ここでも，定額法の場合と同様に，$(n-1)$乗ではなく，n乗になることに注意してください。

　式（II-19-③)において，$n=l$（耐用年数）のとき，簿価C_lはS（残存価額）になります。したがって，

$$C_n = C_0 (1-r)^n = S$$

$$\therefore \text{償却率} \quad r = 1 - \sqrt[n]{\frac{S}{C_0}} \qquad (\text{II} - 19 - ④)$$

となります。$\sqrt[n]{}$ は,「 **8** 定率法の昔と今」ときに出てきた n 乗根です。

　式(II-19-④)は,定率法の償却率を理論的に求める式ですが,この式が使えるためには,残存価額 S が0でないことが前提になります。なぜならば,式(II-19-④)において $S = 0$ とすると,$r = 1$ (償却率100％)となってしまい,1年目に取得原価の全額を償却することになってしまうからです。

　現行制度では残存価額は0ですから,式(II-19-④)は使えません。「式(II-19-④)が使えない」ということの意味は,**償却率を理論的に求めることができない**ということです。ですから,現行制度における定率法では,「定率法の償却率は,定額法の償却率の2倍」のような,理論的根拠のない人為的な決め方をしているわけです。この辺についても,「 **8** 定率法の昔と今」で既に述べた通りです。

20 数列の和
～嫌われ者のΣ（シグマ）のお話

　むかしむかし，ドイツにガウスという少年がいました。彼が7歳のときです。学校で先生が生徒たちに「1から100までの数字をすべて足しなさい」という問題を出しました。生徒たちはまだ7歳です。計算には相当な時間がかかるだろうから，先生はその間に仕事を片付けようと思ったのです。ところが，ガウス少年はわずか数秒で「5050」という答えを出し，先生を驚かせました。

　ガウスは後の大数学者になる人で，磁力の単位名にもなっています。

　神童ガウス少年は 図表2-16 のように計算しました。

図表2-16

	1	2	3	⋯	100
+）	100	99	98	⋯	1
	101	101	101	⋯	101

　まず，1から100までを並べてから，その下に，今度は逆に100から1までを並べます。1行目と2行目のそれぞれの項目を足すと，すべて101になります。101は全部で100個ありますから，合計は101×100です。そして，これは1から100までの足し算を2回やっていることになりますから，これを半分にした101×100÷2＝5050が答えになるわけです。

　1から100までの数は，初項1，公差1の等差数列です。実は，等差数列の第1項目から第n項目までの和は，全く同じように考えることができます。一般に，数列 の第1項目から第n項目までの和を次のように表します。

$$\sum_{k=1}^{n} a_k = a_1 + a_2 + \cdots + a_n$$

Σは「シグマ」と読みます。Σは，アルファベットのSに相当するギリシャ文字で，「総和」を意味するsummationに由来します。

　この記号は，数学が苦手な人にとっては，どうもおぞましく見えるようで，「この記号を見ると，ゴキブリを見てしまったときと同じ気持ちになり，すぐに本を閉じたくなる」と言った人もいました。この記号の意味は単純で，「a_kのkを1からnまで変化させて全部足しなさい」というだけの意味です。

　a_nが初項a，公差dの等差数列の場合，**図表2-17** のようになりますから，ガウスの方法と同様に，初項と最終項の和をn倍したものの2分の1が答えになります。

図表2-17

$$
\begin{array}{cccccc}
 & a & a+d & a+2d & \cdots & a+(n-1)\,d \\
+\,) & a_n & a_n-d & a_n-2d & \cdots & a_n-(n-1)\,d \\
\hline
 & a+a_n & a+a_n & a+a_n & \cdots & a+a_n
\end{array}
$$

　等差数列の一般項は $a_n = a+(n-1)\,d$ ですから，これを使うと以下のように表せます。

$$
\sum_{k=1}^{n} a_k = \frac{n(a+a_n)}{2} = \frac{n\{2a+(n-1)d\}}{2} \qquad (\mathrm{II}\text{-}20\text{-}①)
$$

　特に，（初項1，公差1の等差数列）の場合は，式（II-20-①）で $a=1$，$d=1$とすることにより，

$$
\sum_{k=1}^{n} k = \frac{n(n+1)}{2} \qquad (\mathrm{II}\text{-}20\text{-}②)
$$

となります。ガウス少年が計算したのは，式（II-20-②）の$n=100$の場合です。

　次に，等比数列の和を求めてみましょう。初項a，公比rの等比数列の一般項は，以下の通りです。

$$
a_n = ar^{\,n-1}
$$

この和を求める方法も，その昔，頭のいい人が 図表2-18 のような方法を考え付きました。

図表2-18

$$
\begin{array}{ccccccc}
S_n & = & a & ar & ar^2 & \cdots & ar^{n-1} \\
-)\quad rS_n & = & ar & ar^2 & ar^3 & \cdots & ar^n
\end{array}
$$

$$
\begin{array}{ccccccc}
S_n & = & a & ar & ar^2 & \cdots & ar^{n-1} \\
-)\quad rS_n & = & ar & ar^2 & ar^3 & \cdots & ar^n \\
\hline
(1-r)\,S_n & & a & & & & -ar^n
\end{array}
$$

　私を含めた凡人には，こんな方法はなかなか思い付きませんから，ここでは頭のいい先人の考え方をちょっと垣間見る程度の気持ちで十分です。

　まず，第1項から第n項までの和をS_nとします。 図表2-18 の1行目はS_nをそのまま書いたものです。2行目は，S_nに公比rを掛けたものです。1行目と2行目を見ると，1項目ずれて同じものがありますから，1行目と2行目の左辺と右辺をそれぞれ引くと，右辺は同じものがすべて消えて1行目の第1項と2行目の最終項だけが残ります。したがって，以下のようになります。

$$
\begin{aligned}
(1-r)\,S_n &= a - ar^n \\
&= a\,(1 - r^n) \\
\therefore\ S_n &= \frac{a\,(1 - r^n)}{1 - r}
\end{aligned}
$$

$$\text{（Ⅱ-20-③）}$$

　ただし，これは$r \neq 1$の場合です。$r = 1$の場合は，初項aがn個並んでいる数列になりますから，

$$
S_n = na
$$

となります。まとめると，次のようになります。

$$\sum_{k=1}^{n} ar^{k-1} = \begin{cases} \dfrac{a(1-r^n)}{1-r} \cdots r \neq 1 \text{ のとき} \\[3mm] na \qquad \cdots r = 1 \text{ のとき} \end{cases} \quad (\text{II}\text{-}20\text{-}④)$$

　後半の等比数列の和は，若干，難しく感じるかもしれませんが，会計や経済学の分野では等比数列の和の方が圧倒的によく出てきます。それは，**金利の計算が等比数列**だからです。

　式（II - 20 - ④）は必ずしも覚える必要はありませんが，一見難しく思える等比数列の和が，式（II - 20 - ④）のような比較的単純な分数式で計算できてしまうということは知っておくといいでしょう。

正味現在価値で投資を評価することの本質
～「現在価値」とはこういうこと

　本節では，投資の評価方法の１つである，正味現在価値を用いる方法についてお話ししましょう。

　今，100万円の投資をし，その後３年間に渡って毎年40万円のキャッシュ・インが見込まれる投資案件があるとします。この投資案件はやるべきでしょうか。

　100万円投資して，40万円×３年＝120万円取り戻せるわけですから，20万円のプラスになります。これならやった方がよさそうに思えますが，話はそんなに簡単ではありません。

　キャッシュはこの世の中には必ず運用機会がありますから，時間が経過するとそれだけ新たな価値を生み出します。これを「キャッシュの時間価値」と言います。正に「時は金なり」です。

　このキャッシュの時間価値を考慮しないと正しい判断になりません。

　現在，投資に使う予定の資金100万円は，金利10％の銀行に預けてあるとしましょう。夢のような高金利ですが，話を簡単にするために10％とします。これをそのまま銀行に預けておけば，金利は複利で計算されますので，３年後のX3年には100×1.1^3（万円）になります。これは，公比1.1の等比数列です。

　一方，この100万円を銀行から下ろして投資に使えば，100万円に対する金利は得られなくなりますが，その代わりに毎年40万円ずつキャッシュが得られます。それを順次銀行に預け入れることにします。

　そうすると，X1年に得られる40万円はX1年からX3年までの２年間の金利が付きますから，X3年には40×1.1^2（万円）になります。同様に，X2年に得られる40万円はX2年からX3年までの１年間の金利が付きますから，

X3年には40×1.1（万円）になります。X3年に得られる40万円はX3年時点ではそのままです。

　したがって，投資した場合のX3年時点のキャッシュは$40 \times 1.1^2 + 40 \times 1.1 + 40$（万円）になります。これは，公比$1.1$の等比数列の和です。

　両者の差を計算してみると，

$$(40 \times 1.1^2 + 40 \times 1.1 + 40) - 100 \times 1.1^3 = -0.7 < 0$$

$$\therefore \quad 40 \times 1.1^2 + 40 \times 1.1 + 40 < 100 \times 1.1^3 \qquad (\text{II-21-①})$$

となります。これは，100万円をそのまま銀行に預け入れておいた方が$x3$年時点のキャッシュが多くなることを意味しています。つまり，この程度の投資なら銀行に預けたままの方がマシということなので，この投資はやるべきではないということです。

　これが，キャッシュの時間価値を考慮して投資を評価するということです。

　ここでは利回りを10％としましたが，ここで使う利回りは，その企業が想定し得る運用機会の利回りです。それと比較して考えないと，わざわざリターンの低い投資にキャッシュを長期間塩漬けにすることになるのです。

　式（II-21-①）をあらためて書くと，以下のようになります。

$$(40 \times 1.1^2 + 40 \times 1.1 + 40) - 100 \times 1.1^3 < 0 \qquad (\text{II-21-②})$$

　このままでもいいのですが，式（II-21-②）の両辺を1.1^3で割ってみましょう。すると，次のようになります。

$$\left(\frac{40}{1.1} + \frac{40}{1.1^2} + \frac{40}{1.1^3} \right) - 100 < 0 \qquad (\text{II-21-③})$$

　この式では，投資からn年後のキャッシュ・フローが1.1^nで割られ，投資時にキャッシュ・アウトする100（万円）はそのままになっていますから，これはすべてのキャッシュを，投資を考えている現在の価値に換算していることに相当します。

　全てのキャッシュを3年後の価値に換算しても，現在の価値に換算しても，

どちらでもいいのですが，慣例的には現在の価値に換算するのが普通になっています。

　現在価値に換算する場合，将来のキャッシュ・フローを現在の価値に割り引くことになるので，そこで使う利回り（ここでは10％）のことを「**割引率**」と言います。

　式（Ⅱ-21-③）の左辺を**正味現在価値**と言います。「すべてのキャッシュを現在の価値に換算して差し引きしたもの」ということです。英語で言うとNet Present Valueなので，その頭文字を取って**NPV**と言われます。

　NPVを一般的に表しておきましょう。最初の投資額をI，投資後i年後のキャッシュ・フローをCF_i，割引率をr，評価年数をnとすると，NPVは以下のように書けます。

$$NPV = \sum_{i=1}^{n} \frac{CF_i}{(1-r)^i} - I$$

（Ⅱ-21-④）

　式（Ⅱ-21-④）右辺の第1項は，公比が$1/(1+r)$の等比数列の和になっています。これを等比数列の和の公式を用いて計算してもいいですが，Excelには，その名も**NPV関数**という関数がありますので，それを使って計算できれば十分ですし，その方が実務上も有用でしょう。

　正味現在価値NPVという言葉は少なからずの人が聞いたことがあると思いますが，難しそうな計算をやっていることだけは分かるものの，何をやっているのか今一つピンと来ていなかった人も多いのではないかと思います。

　NPVで評価するとはこういうことです。ここで説明したように，現在の価値に割り引くことの意味をいきなり理解しようとするよりも，**最終年度の手元キャッシュの比較というところから理解した方が，そのエッセンスは分かりやすい**のではないかと思います。

　資産の価値をどう算定するかは，固定資産の減損やM&Aにおける企業価値の算定における重要な論点です。そして，ここでも現在価値の考え方が使われます。

　今，ここに1羽のニワトリがいるとします。あなたなら，それをいくらで買いますか？　これが，資産の価値を算定するということです。

　価値を考えるためには，その資産の使途を明確にする必要があります。 使途によって価値の考え方が変わるからです。

　もし，あなたがそのニワトリを手に入れた後，キュッと絞めて，肉，羽，骨などにバラしてそれぞれしかるべきところに売りさばこうと考えたとすれば，肉，羽，骨などを売ったらいくらになるかということを考えて買い値を考えるはずです。その場合は，そのニワトリを換金性のある財産の集合体と見ていることになります。

　一方，このニワトリがタマゴを産むとしたらどうでしょうか。それでも，キュッと絞めるという人もいるかもしれませんが，もう1つの選択肢として，このニワトリを生き長らえさせて，多くのタマゴを産ませるという選択肢が出てくるはずです。その場合は，産んだタマゴを売ったらいくらになるかを考えて買い値を考えると思います。この場合は，そのニワトリをタマゴ製造装置と見ていることになります。

　前者の価値概念は，キュッと絞めて処分することにより得られる価値なので，**処分価値** と言います。それに対して，後者の価値概念は，タマゴ製造装置として使用することにより得られる価値なので，**使用価値** といいます。

　処分価値は資産の売却価額です。肉，羽，骨などを売ったらいくらで売れる

かということです。いわゆる「時価」はこれに相当します。

使用価値は，「将来の一定期間にわたってタマゴの販売によってキャッシュ・フローをもたらせてくれるニワトリを**今一括払いで買うとしたら，いくらが双方にとって等価交換になるか**」ということです。

ここで考慮しなければならないのがキャッシュの時間価値です。

今，ニワトリが生むタマゴを販売することによって，n年目にC_n円のキャッシュが得られるとします。買い手はこれをP円で買うとします。キャッシュは銀行に預け入れ，それによって年rの金利が付くとします。買い手がニワトリを買わずに，P円を銀行に預け入れたままにすれば，金利rが複利で付きますから，n年後には，

$$P (1+r)^n \ (円) \qquad (\text{II-}22\text{-}①)$$

になります。一方，ニワトリを買った場合は，1年目に得られるC_1円のキャッシュはn年後まで$(n-1)$年分，2年目に得られるC_2円のキャッシュはn年後まで$(n-2)$年分，…というように金利が複利で付きますから，n年後には総額，

$$C_1 (1+r)^{n-1} + C_2 (1+r)^{n-2} + \cdots + C_{n-1} (1+r) + C_n \ (円)$$

$$(\text{II-}22\text{-}②)$$

になります。買い手はn年後に式（II-22-①）のキャッシュを得ることを諦める代わりに，式（II-22-②）のキャッシュを得ることになります。裏を返せば，売り手はn年後に，式（II-22-②）のキャッシュを得ることを諦める代わりに，式（II-22-①）のキャッシュを得ることになります。したがって，式（II-22-①）と式（II-22-②）が等しくなるPが，売り手と買い手の双方にとって等価交換となる売買価格ということになります。すなわち，

$$P (1+r)^n = C_1 (1+r)^{n-1} + C_2 (1+r)^{n-2} + \cdots + C_{n-1} (1+r) + C_n$$

$$(\text{II-}22\text{-}③)$$

（II-22-③）の両辺を$(1+r)^n$で割れば，

$$P = \frac{C_1}{1+r} + \frac{C_2}{(1+r)^2} + \cdots + \frac{C_{n-1}}{(1+r)^{n-1}} + \frac{C_n}{(1+r)^n}$$

$$= \sum_{i=1}^{n} \frac{C_i}{(1+r)^i} \qquad (\mathrm{II}\text{-}22\text{-}④)$$

となります。これが，固定資産の減損会計における「使用価値」でも使われている，「資産が生み出す将来キャッシュ・フローの割引現在価値」です。

　ちなみに，私が高校生だった頃，数学の数列の問題にこれと同じような趣旨の問題がありました。当時の私は，本節で説明したように，n 年後で考える方法で解きました。答えは合っていたのですが，解説には「割り引いたものが現在の価値と等価になるから」と，いきなり式（II-22-④）が書かれていました。今であれば，それが割引現在価値という概念を念頭に置いた解説だと理解できますが，そんな概念を知らない高校生の私には，非常に唐突感がありました。

　何も知らない高校生だった私がそうだったように，発想としては n 年後で考える方が自然な気がします。割引現在価値という概念は，式（II-22-③）を式（II-22-④）のように変形した結果を数学的に後付けで解釈したものなのではないかと思います。

資本コストとWACC
～何かと話題の「資本コスト」とはこういうこと

　ここでは**資本コスト**と**WACC**について説明します。これは，次の **24** で取り上げる「企業価値」の前提知識となります。

　まず，資本コストとは，「**資金調達に伴うコスト**」です。企業にとっての資金調達先には，債権者と株主の2人がいます。債権者に対する資本コストを負債コスト，株主に対する資本コストを**株主資本コスト**といいます。

　「資本コスト」というのは企業の側から見た言い方です。資本コストの実態は，資金を提供する側から見た方が分かりやすいでしょう。それは，**資金提供に伴って企業に期待する利回り**です。

　負債コストは簡単です。それは要するに**利息**です。債権者は資金を貸す際に金利を明確に提示するので，その値も容易に分かります。

　株主資本コストは，株主が求める期待利回りですから，**配当と株価上昇益**です。それを「株主資本コスト」と言うわけですが，配当も株価上昇益も会計上は企業のコストではありません。それでもそれを「コスト」と言うのは，「株主からの期待である以上，それに応えるのは企業にとっての責務」という意味合いが込められているからです。

　株主資本コストを知るのは容易ではありません。配当にしても株価にしても，どれくらい期待しているかということを株主は明言しないからです。

　そこで，株主資本コストは理論値に頼ることになります。よく使われるのは，**資本資産価格モデル**（Capital Asset Pricing Model ： **CAPM**）という数学的なモデルに基づく式です。それによれば，株主資本コストr_Eは以下のような一次式で表されます。

$$r_E = r_f + \beta \,(r_M - r_f) \qquad\qquad (\text{II}\text{-}23\text{-}①)$$

r_f ：リスク・フリー・レート

r_M：マーケット・レート

β ：ベータ

　リスク・フリー・レートは株式市場の変動に左右されない債券の利回りです。日本では10年物国債の利回りを使うのが一般的です。

　マーケット・レートはその企業が属す市場の平均利回りです。東京証券取引所プライム市場に上場している企業であれば，TOPIXの過去何年かの平均利回りを使うのが一般的です。

　ベータは，株式市場全体の利回りが変化したときに，個別株式の利回りがどれだけ変化するかを表す係数です。市場全体の変化に対して個別企業がどれだけ反応するかを示す"**感度係数**"のようなものです。

　式（II-23-①）は，軽く本1冊分になるような理論から導かれる式ですが，ここでは数行で直感的な説明をしてみます。

　株主から見た期待利回りは正確には株価と配当ですが，ここでは簡単に株価だとしましょう。株価は，リスクのない債券よりもリスクがある分だけ変動しますが，個別企業固有の要因による変動を無視すれば，その変動幅は，図表2-19 のように，大局的には市場全体の変動幅に比例すると考えられます。

図表2-19

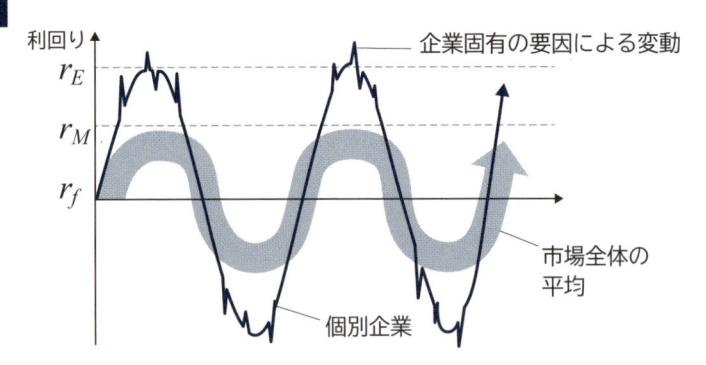

それを式で表せば，個別企業の利回りの変動幅（リスク・フリー・レートからの乖離）$r_E - r_f$ は，市場の平均利回りの変動幅（リスク・フリー・レートからの乖離）$r_M - r_f$ の定数倍になっているということですから，β を定数として，

$$r_E - r_f = \beta\,(r_M - r_f) \qquad (\text{II}-23-②)$$

と表せます。これを r_E について解けば，式（II-23-①）になるわけです。

　β は企業によって異なります。市場の平均利回りの変動とは景気変動と読み替えられますから，$\beta > 1$ は，景気変動に対して株価が大きく変動するような企業です。$0 < \beta < 1$ は，景気が変動しても株価があまり変動しない企業です。$\beta < 0$ の企業は，景気変動と株価が逆の値動きをする企業です（普通はありません）。

　ここまで説明したように，資本コストには負債コストと株主資本コストの2つがありますが，企業が負担するコストとして1つにまとめたいときがあります。その典型例が，次回の企業価値の算定です。

　負債コストと株主資本コストを加重平均して1つにまとめたものがWACC です。これは，Weighted Average Cost of Capitalの頭文字で，日本語では**加重平均資本コスト**と言います。

　WACCの計算式は以下の通りです。

$$\text{WACC} = \frac{D}{D+E}\,(1-T)\,r_D + \frac{E}{D+E}\,r_E \qquad (\text{II}-23-③)$$

　r_D：負債コスト，r_E：株主資本コスト

　D：有利子負債，E：株主資本，T：実効税率

　何やら難しそうな式に見えるかもしれませんが，実は単純な話です。具体例を使って説明しましょう。

　今，債権者から200百万円，株主から100百万円を調達したとします。負債コストが2％，株主資本コストが8％だとすると，この企業は結局，200百万

円×2％＋100百万円×8％＝12百万円の資本コストで，300百万円の資金を調達したことになります。これを率で表せば，12百万円／300百万円×100＝4％となります。これが1つにまとめた資本コストです。

これは以下の計算をしたことになります。これが式（II-23-③）です。

$$\frac{200百万円}{200百万円 + 100百万円} \times 2\% + \frac{100百万円}{200百万円 + 100百万円} \times 8\% = 4\%$$

この例では省略しましたが，式（II-23-③）においては，負債コストr_Dにだけ$(1-T)$が掛けられ，税引後になっています。その理由は，負債コストは支払利息なので，会計上も費用になり節税効果があるからです。節税効果分を控除することによって，企業の実質負担額にしているのです。

24 企業価値
～M&Aにおける重要概念

本節は，M&Aにおける株価算定などで用いられる企業価値のお話です。

まず，株価算定のアプローチですが，企業の資産価値は債権者と株主に帰属します。「帰属する」ということの意味は，この企業が倒産して清算する場合を考えれば分かりやすいでしょう。清算する場合，資産をすべて換金します。それをまずは債権者に返済し，残りを株主に分配するということをします。これが「資産価値は債権者と株主に帰属する」ということの具体的な意味です。

株主に帰属する額を発行済株式数で割った1株当たりの額が理論上の株価になります。

株主への帰属額は，常に「債権者への帰属額を控除した残り」として計算されますので，理論株価を計算したい場合であっても，まずは企業全体の資産価値を計算する必要があります。この，企業全体の資産価値のことを「企業価値」と言います。そこから，債権者への帰属額を控除した残りを「株主価値」と言います。

債権者への帰属額とは有利子負債の残高です。有利子負債の残高は企業価値に関わらず一定ですから，企業価値の増加分は全て株主価値の増加分となります。まとめると，以下のようになります。

$$株主価値 ＝ 企業価値 － 有利子負債$$

$$理論株価 ＝ \frac{株主価値}{発行済株式数}$$

企業価値は，企業全体の資産の価値ですから，前々節「 **22** 資産の価値」の考え方がそのまま使えます。

　資産の価値には処分価値と使用価値の2種類がありました。企業の場合，処分価値とは，企業を潰して資産をバラバラに売却することによって実現する価値ですから，**解散価値**です。一方の使用価値とは，今後も企業活動をし続けることによって実現する**継続価値**です。

　解散価値は，売却価値ですから，資産をすべて時価で評価替えしたものから負債を控除した**時価純資産額**です。使用価値は， **22** で説明した資産の使用価値と全く同じで，**企業が将来生み出すであろうキャッシュ・フローの正味現在価値**です。

　ほとんどの書物は，この2つの方法を代表的な企業価値の評価方法として紹介していますが，それは**2つの方法から好きな方を選んでいいということではありません**。買収後にその企業を消滅させるのか継続させるのかという方針によって，必然的にどちらを使うかが決まるのです。

　企業価値算定の実務では，2つの計算結果の平均値を計算する人が散見されますが，この2つの方法は，買収後の方針によって決まる**二者択一の話**です。**平均を取るというのは論理的にはあり得ません**。

　企業の使用価値は以下のように計算します。

$$企業価値 = \sum_{i=1}^{\infty} \frac{FCF_i}{(1 + WACC)^i} \qquad (\text{Ⅱ} \text{-} 24 \text{-} ①)$$

　式（Ⅱ-24-①）は，「 **22** 資産の価値」で説明した資産の使用価値の計算式と同じですが，企業価値ならではの特徴的な点が3つあります。

　1つ目は，分子のFCFです。これはフリー・キャッシュ・フローです。フリー・キャッシュ・フロー（FCF）は以下のように計算されます。

　　　FCF ＝ 営業キャッシュ・フロー ＋ 投資キャッシュ・フロー

これは,「 **5** キャッシュ・フローの符号の意味」で説明したように,「営業活動によるキャッシュの増減と投資活動によるキャッシュの増減を相殺したもの」であり,それは事業活動によるキャッシュの正味の増加分なので,自由に使えます。だから「フリー」と言われるわけです。

「 **5** キャッシュ・フローの符号の意味」では「企業が自由に使える」と言いましたが,これは **図表2-20** のように,株主と債権者に対する還元原資になるので,**「株主と債権者にとって自由に使える」**と言う方が大局的な捉え方です。株主と債権者に帰属するキャッシュ・フローですから,「フリー・キャッシュ・フローを使って計算した使用価値は,株主と債権者の2人に帰属する価値」という理論的な整合性が取られているわけです。

図表2-20 **キャッシュ・フロー**

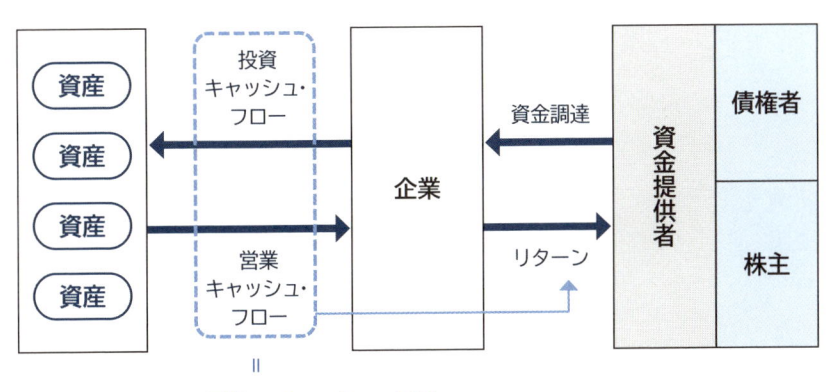

フリー・キャッシュ・フロー

式（Ⅱ-24-①）に特徴的な2つ目の点は,割引率にWACCを用いていることです。これは前節 **23** で説明したように,株主と債権者の企業に対する期待利回りです。企業価値は,株主と債権者にとっての価値ですから,割引率も株主と債権者の企業に対する期待利回りを用いるという理論的な整合性が取られているわけです。

さて，式（Ⅱ-24-①）にはもう1つ，企業価値ならではの特徴的なところがありますが，気付いたでしょうか？これについては，次の，「 25 ターミナル・バリューと無限数列の和」であらためて説明することにしましょう。

25 ターミナル・バリューと無限数列の和
～ニワトリと企業の価値算定の違い

本節は，前節「24 企業価値」の続きです。企業の使用価値は，

$$企業価値 = \sum_{i=1}^{\infty} \frac{FCF_i}{(1+WACC)^i} \qquad (Ⅱ-25-①)$$

という式で表されますが，この式には企業価値ならではの特徴があるという話しをしました。その最後の特徴が宿題になっていましたが，お分かりになったでしょうか。

答えは，∑の上が「∞」になっていることです。これは，無限を表す記号です。つまり，式（Ⅱ-25-①）は無限に続く数列の和になっているのです。

ここが固定資産などの使用価値と決定的に異なるところです。固定資産などはいつか使えなくなりますから，必ず終わりがあります。ところが，企業には終わりを想定できません。企業は半永久的に続くという，ゴーイング・コンサーンの前提があるからです。

ただ，無限に続くものの和を計算することは一般的にできませんし，それ以前に，無限に続く将来のフリー・キャッシュ・フローを見積もることが現実的には不可能です。そこで，一般的には，現実的に見積もり可能な向こう5年間程度のフリー・キャッシュ・フローを見積もり，6年目以降は何らかの仮定に基づき，1つの有限の値にしてしまうということをやります。この，1つの有限の値のことをターミナル・バリューと言います。日本語では「終価」と言われます。

その仮定計算にはいくつかありますが，その中の1つに，見積もり最終年のフリー・キャッシュ・フローがその後も無限に続くという仮定を立てて計算する方法があります。たとえば，図表2-21 のように，5年目までのフリー・キャッ

シュ・フローを見積もったら，6年目以降も見積もり最終年の5年目のフリー・キャッシュ・フローFCF_5が永遠に続くと仮定するのです。

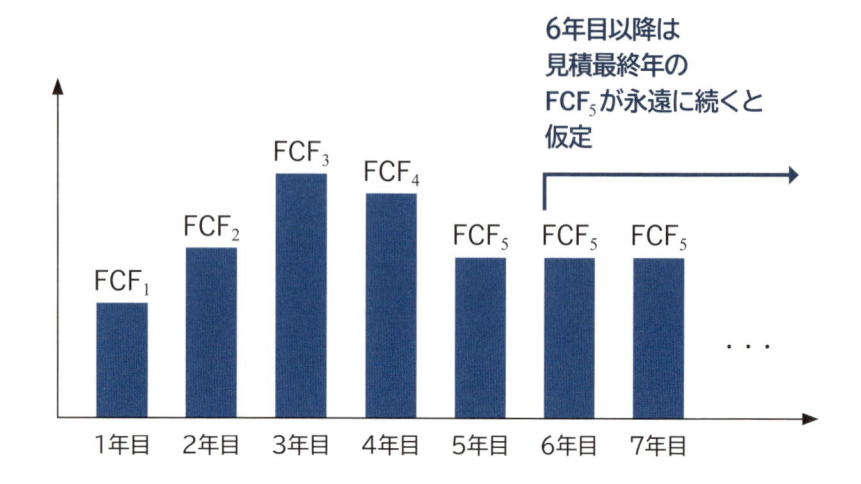

6年目以降は
見積最終年の
FCF_5が永遠に続くと
仮定

このとき，ターミナル・バリューをTVとすると，TVは永遠に続くFCF_5の割引現在価値になりますから，以下のようになります。

$$TV = \frac{FCF_5}{1+r} + \frac{FCF_5}{(1+r)^2} + \frac{FCF_5}{(1+r)^3} + \cdots \qquad (\text{II-25-②})$$

ここで，よくある説明が次のような説明です。

式（II-25-②）の両辺に$(1+r)$を掛けると，

$$(1+r)\,TV = FCF_5 + \frac{FCF_5}{1+r} + \frac{FCF_5}{(1+r)^2} + \cdots \qquad (\text{II-25-③})$$

となるので，式（II-25-③）から式（II-25-②）を 図表2-22 のように辺々引くと，右辺は1項目ずれてすべて消えますから，FCF_5だけが残ります。

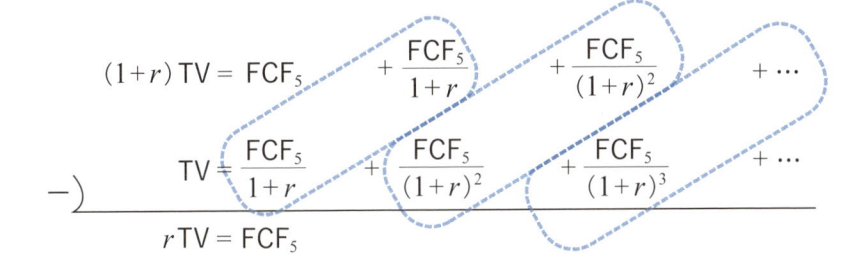

一方，左辺は $r\mathrm{TV}$ となりますから，

$$r\mathrm{TV} = \mathrm{FCF}_5$$

$$\therefore \mathrm{TV} = \frac{\mathrm{FCF}_5}{r} \qquad (\mathrm{II}\text{-}25\text{-}④)$$

となります。

　この説明は直感的には分かりやすいかもしれませんが，数学的には少々怪しげです。それは，1項目ずれているのに，その後無限に続くものが引き算によって本当にすべて消えるのかよく分からないからです。

　数学的にもう少しちゃんとした説明は次のようになります。

　分数になっていると式が煩雑になるので，

$$R = \frac{1}{1+r} \qquad (\mathrm{II}\text{-}25\text{-}⑤)$$

とおきましょう。r は割引率なので $r>0$ ですから，$0<R<1$ です。

　すると，式（II-25-②）は

$$\mathrm{TV} = \mathrm{FCF}_5 \cdot R + \mathrm{FCF}_5 \cdot R^2 + \mathrm{FCF}_5 \cdot R^3 + \cdots = \sum_{i=1}^{\infty} \mathrm{FCF}_5 \cdot R^i$$

となります。これは，初項 $\mathrm{FCF}_5 \cdot R$，公比 R の無限等比数列の和です。無限数列の和は，数学的には，有限の n 項から成る数列の和において，n を無限大に

したものと定義されます。すなわち,

$$\sum_{i=1}^{\infty} \text{FCF}_5 \cdot R^i = \lim_{n \to \infty} \sum_{i=1}^{n} \text{FCF}_5 \cdot R^i$$

となります。ここで, $\lim_{n \to \infty}$ は n を無限に大きくすることを意味する数学記号です。lim は limit に由来しています。

等比数列の和は,「 **20** 数列の和」でやったように,

$$\sum_{i=1}^{n} \text{FCF}_5 \cdot R^i = \frac{\text{FCF}_5 \cdot R(1-R^n)}{1-R}$$

となります。ここで $0 < R < 1$ ですから, n を無限に大きくすると, R^n は 0 に限りなく近付きます(これを「0 に収束する」と言います)。したがって,

$$\lim_{n \to \infty} \sum_{i=1}^{n} \text{FCF}_5 \cdot R^i = \lim_{n \to \infty} \frac{\text{FCF}_5 \cdot R(1-R^n)}{1-R} = \frac{\text{FCF}_5 \cdot R}{1-R}$$

(Ⅱ-25-⑥)

となります。式(Ⅱ-25-⑤)より,

$$1 - R = 1 - \frac{1}{1+r} = \frac{r}{1+r}$$

なので,

$$\frac{R}{1-R} = \frac{1}{1+r} \cdot \frac{1+r}{r} = \frac{1}{r}$$

となりますから, 式(Ⅱ-25-④)は数学的に正しいことが分かりました。

いずれにしても, ターミナル・バリューは, 式(Ⅱ-25-④)のような単純な式になります。こんな単純な式になるのは, 式(Ⅱ-25-②)の分子がすべて FCF_5 に揃っているからです。実は, このような計算をしたいから,「6年目以降は FCF_5 が永遠に続く」という少々非現実的な仮定にしているのです。

もし, 6年目のキャッシュ・フローは5年目と同じで, それ以降のフリー・キャッシュ・フローは一定率 g で成長すると仮定すると, 初項 $\dfrac{\text{FCF}_5}{1+r}$, 公比 $\dfrac{1+g}{1+r}$ の無限等比数列の和になります。詳細は割愛しますが, この場合は

$$TV = \frac{FCF_5}{r-g} \qquad (\text{II}-25-⑦)$$

となります。ただし，このような式に収束するためには成長率が割引率より下回っていることが前提となります。そうでない場合はTVは計算できません。

　関心のある方は是非自分で式（II-25-⑦）を導き出してみてください。

　住宅ローンや自動車ローンなどの返済方法には，大きく分けて元利均等払いと元本均等払いの２つの方法があります。元利均等払いは元本と金利を合わせた毎回の支払額合計が一定額になる方法で，元本均等払いは毎回の元本の返済額が一定額になる方法です。

　後者の方法は，これに金利が加わりますので，毎回の支払額は最初の方はかなりの額になってしまいます。そこで，一般的には元利均等払いが採られています。

　利率rでp円借りて，n回の元利均等払いで返済する場合，毎回の支払額x円がいくらになるかを求めてみましょう。

　まず，「金利は残債にかかる」というのがローンの基本です。金利とは借りているお金に対する使用料ですから，残っている債務残高に対して利率がかかって金利が計算されるのです。

　毎回の一定の支払額xから，上記金利を控除した残額が毎回の元本返済額となります。

　したがって，毎回の金利，元本返済額，元本残高は以下のようになります。

　なお，以下の計算では，途中で

$$1 + 2r + r^2 = (1+r)^2$$
$$1 + 3r + 3r^2 + r^3 = (1+r)^3$$

という因数分解の公式を使っています。以下の1回目から3回目までの計算は，式（Ⅱ-26-①）を求めるのが目的であり，そのために少々テクニカルな式変形をしていますので，計算が苦手な方は式（Ⅱ-26-①）のところまで読み流していただいても結構です。

【1回目】

$$金利 = pr$$

$$元本返済額 = x - pr$$

$$元本残高 = p - (x - pr)$$
$$= p(1+r) - x$$

【2回目】

$$金利 = \{p(1+r) - x\}r$$
$$= p(r + r^2) - xr$$

$$元本返済額 = x - \{p(r + r^2) - xr\}$$
$$= x(1+r) - p(r + r^2)$$

$$元本残高 = p(1+r) - x - \{x(1+r) - p(r + r^2)\}$$
$$= p(1 + 2r + r^2) - x(2 + r)$$
$$= p(1+r)^2 - x(2 + r)$$
$$= p(1+r)^2 - \frac{x\{(1+r)^2 - 1\}}{r}$$

【3回目】

$$金利 = \{p(1 + 2r + r^2) - x(2 + r)\}r$$
$$= p(r + 2r^2 + r^3) - x(2r + r^2)$$

$$元本返済額 = x - \{p(r + 2r^2 + r^3) - x(2r + r^2)\}$$
$$= x(1 + 2r + r^2) - p(r + 2r^2 + r^3)$$

$$元本残高 = p(1 + 2r + r^2) - x(2 + r) - \{x(1 + 2r + r^2) - p(r + 2r^2 + r^3)\}$$
$$= p(1 + 3r + 3r^2 + r^3) - x(3 + 3r + r^2)$$
$$= p(1+r)^3 - \frac{x\{(1+r)^3 - 1\}}{r}$$

以上から，n 回目支払い後の元本残高は，

$$n\text{回目元本残高} = p(1+r)^n - \frac{x\{(1+r)^n - 1\}}{r} \qquad (\text{II} - 26 - ①)$$

となります。式（II - 26 - ①）は，3回目までの計算結果から一般的な n 回目

の元本残高を推測したものに過ぎませんから，本当は式（II-26-①）が正しいことを証明する必要がありますが，それはここでは割愛します（数学的帰納法により証明できます）。

n回目で元本の返済が終わりますから，式（II-26-①）が0になるように毎回の支払額xを求めればいいことになります。すなわち，xは以下のようになります。

$$p\,(1+r)^n - \frac{x\{(1+r)^n-1\}}{r} = 0$$

$$x = \frac{pr(1+r)^n}{(1+r)^n-1} \qquad (\text{II-26-②})$$

実は，式（II-26-②）は，pがxを金利rで割り引いた現在価値合計額と等しくなるという，以下の式からも求められます。

$$p = \sum_{k=1}^{n} \frac{x}{(1+r)^k}$$

定性的に考えれば，お金を貸した金融機関の立場からすると，p円を金利rで今後n年間運用することを放棄する代わりに，毎回x円ずつ得られるキャッシュを随時金利rで運用することになりますから，両社が等価になるようにxを決めているということです。

参考までに，30,000,000円を年利2％の30年ローンで借りた場合，

$$p = 30,000,000 \text{ 円}$$

$$r = 0.02/12\%（毎月の金利は年利の12分の1）$$

$$n = 12\text{ヵ月} \times 30\text{年} = 360 \text{ 回}$$

なので，式（II-26-②）より，毎月の支払額xは，

$$x = \frac{30,000,000 \times 0.02/12 \times (1+0.02/12)^{360}}{(1+0.02/12)^{360}-1} \fallingdotseq 110,886 \text{ （円）}$$

となります。

毎月の支払額の内訳は図のようになります。

図表2-23

金額（円）

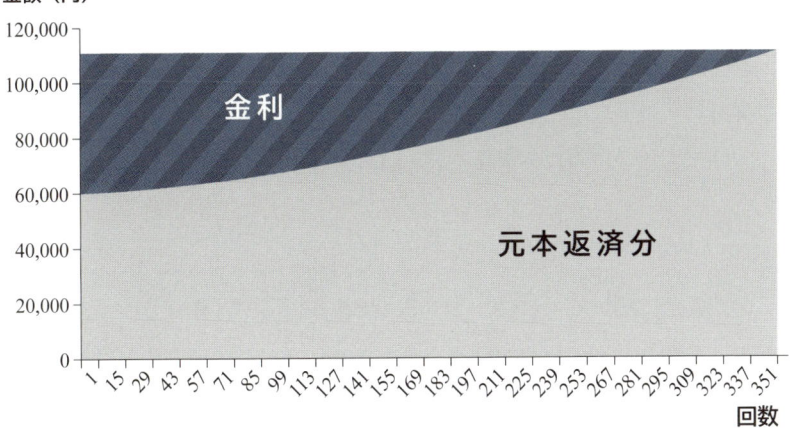

回数

　この図から分かるように，支払回数の前半はかなりの程度を金利が占めるため，元本の返済はなかなか進みません。住宅ローンにおいて最初の数年は驚くほど借入元本が減らないのはそのためです。多くの人は，毎月の支払いを「ローンの返済額」と言いますが，全額が返済に充てられているわけではないのです。そのため，本稿でも「返済額」とは言わずに「支払額」と言っています。

　ちなみに，「繰り上げ返済」は本当に「返済」しています。たとえば，毎月の支払額の10回分に相当する 1,108,860円を繰り上げ返済すると，それは元利均等払いの10回分ではなく，全額借入元本の返済に充てられるのです。金利は残債にかかりますから，一気に借入元本を減らす繰り上げ返済は，金利の支払総額を減らすことに貢献してくれます。

「 26 ローンの計算」で，2回目支払い後の元本残高を計算する際，以下の
ような計算をしました。

2回目支払い後の元本残高 $= p\,(1+r)^2 - x(2+r)$ （Ⅱ-26B-①）

$$= p\,(1+r)^2 - \frac{x\{(1+r)^2-1\}}{r} \quad \text{（Ⅱ-26B-②）}$$

この式変形に関して，「なぜ，式（Ⅱ-26B-①）を式（Ⅱ-26B-②）のよう
に変形するのか？」という質問をいただきました。この質問に私はハッとさ
せられました。こういう訳の分からない唐突な式変形が，数学が苦手な人を
ますます分からなくさせているのでないかと。そこで，本節はその舞台裏を
説明したいと思います。

式（Ⅱ-26B-①）を式（Ⅱ-26B-②）のように変形している理由は，一般法
則を見出したいからです。言葉を換えれば，n回目支払い後の元本残高をnの
関数で表したいということです。

式（Ⅱ-26B-②）のように変形すると，「$(1+r)$ に掛かっている2乗は2回
目支払い後だから2なのではないか」「だとすると，n回目支払い後の元本残
高は，式（Ⅱ-26B-②）の2をnに替えた以下のような式になるのではないか」
という仮説が立てられるのです。

n回目支払い後の元本残高 $= p\,(1+r)^n - \dfrac{x\{(1+r)^n-1\}}{r}$ （Ⅱ-26B-③）

ただ，「式（Ⅱ-26B-①）を式（Ⅱ-26B-②）に変形するなんて思い付かな
いよ」と思うかもしれません。これもまた，数学が苦手な人が数学ができる
人に抱く典型的な感情の1つでしょう。

そう思うのは，式（Ⅱ-26B-②）を"発見"した泥臭い舞台裏が見えていないからだと思います。

本書もそうですが，論文や原稿のような形で表に出るものは，きれいに整えられた最終形だけなので，式（Ⅱ-26B-①）を式（Ⅱ-26B-②）に変形することにどうしても唐突感が出てしまうのです。

式（Ⅱ-26B-①）を式（Ⅱ-26B-②）のように変形するという発想はそんな簡単には出てきません。舞台裏ではかなりの試行錯誤があります。

3回目支払い後の元本残高を計算すると，以下のようになります。

$$3回目支払い後の元本残高 = p\,(1+r)^3 - x\,(3+3r+r^2)$$

$$（Ⅱ-26B-④）$$

式（Ⅱ-26B-①）を式（Ⅱ-26B-②）のように変形せずに，式（Ⅱ-26B-①）と式（Ⅱ-26B-④）を見比べると，n 回目支払い後の元本残高は以下のように表せるのではないかという仮説の方がむしろ自然でしょう。

$$n 回目支払い後の元本残高 = p\,(1+r)^n - x\,(n+nr+nr^2\cdots+nr^{n-2}+r^{n-1})$$

$$（Ⅱ-26B-⑤）$$

これに従えば，4回目支払い後の元本残高は，

$$4回目支払い後の元本残高 = p\,(1+r)^4 - x\,(4+4r+4r^2+r^3)$$

$$（Ⅱ-26B-⑥）$$

となるはずです。

ところが，実際に計算してみると，

$$4回目支払い後の元本残高 = p\,(1+r)^4 - x\,(4+6r+4r^2+r^3)$$

となり，式（Ⅱ-26B-⑥）と一致しません。ということは，「一般的に式（Ⅱ-26B-⑤）のように表せる」という仮説はハズレだということです。

そこで，めげずに新たな仮説を立てます。そこで出てきたのが式（Ⅱ-26B-③）です。

式（Ⅱ-26B-③）を思いつくためには，それ相応の基礎体力が必要です。

それは,

$$(1+r)^2 = 1 + 2r + r^2$$

$$(1+r)^3 = 1 + 3r + 3r^2 + r^3$$

$$(1+r)^4 = 1 + 4r + 6r^2 + 4r^3 + r^4$$

ということを知っているということです。もっと言えば，一般的にn乗の場合の各係数は二項定理という定理で説明できるということを知っているということです。

　試行錯誤の末に思い付いた式（II-26B-③）も，まだ仮説に過ぎません。数学的にはこの仮説が正しいことを証明しなければなりませんが，それはここでは割愛します（証明は，数学的帰納法によって容易に証明できます）。

　式（II-26B-③）が出てきた舞台裏をさらに言えば，「 **26** ローンの計算」の最後で述べた，「借入元本pが，毎回の支払額xを金利rで割り引いた現在価値合計額と等しくなるように，毎回の支払額xを決めている」という理論的背景を知っているということがあります。すなわち，以下の式を満たすように毎回の支払額xを決めているということです。

$$p = \sum_{k=1}^{n} \frac{x}{(1+r)^k} \qquad (\text{II-26B-⑦})$$

　式（II-26B-⑦）の右辺は初項$x/(1+r)$，公比$1/(1+r)$の等比数列の和ですから，等比数列の和の公式を使って以下のようになります。

$$\text{式（II-26B-⑥）の右辺} = \frac{x}{1+r} \cdot \frac{1 - \left(\frac{1}{1+r}\right)^n}{1 - \frac{1}{1+r}} = \frac{x}{r} \cdot \frac{(1+r)^n - 1}{(1+r)^n}$$

これを式（Ⅱ-26-⑦）の右辺に代入すれば，

$$p = \frac{x}{r} \cdot \frac{(1+r)^n - 1}{(1+r)^n}$$

$$\therefore x = \frac{pr\,(1+r)^n}{(1+r)^n - 1}$$

（Ⅱ-26B-⑧）

となります。

　タネ明かしをすれば，式（Ⅱ-26B-③）が0になるときのxが式（Ⅱ-26B-⑧）と一致するという理論的なオチを知っているので，そのオチにちゃんと落ちるように，式（Ⅱ-26B-①）を式（Ⅱ-26B-②）のように変形するという前フリをしているのです。

　このように，式変形の裏では，違う角度からの理論的背景知識があったり，膨大な試行錯誤があったりするわけですが（ **26** の原稿も裏ではA4で3枚分ぐらいの計算をしています），一般の人にはそれが見えないし，見せる機会もなかなかないので，「なんでそんな変形するの？」「どうしてそんなこと思い付くの？」という唐突感を抱いてしまうのでしょう。

　やっていることはある意味マジシャンのようなもので，その背後にはタネがあり，無数の試行錯誤があり，普段から鍛えている基礎体力があり，血のにじむような膨大な練習量があるわけですが，一般の人にはそれが見えないため，正にマジックのように見えてしまうのかもしれません。

　26 の内容のエッセンスは，「金利は残債に掛かる」というローンの大原則からのアプローチで地道に計算した結果が，「借入元本は毎回の支払額の現在価値合計と等価になっている」という別のアプローチで計算した結果と一致することを証明していることなのです。その証明をするために，式（Ⅱ-26B-①）を式（Ⅱ-26B-②）に"わざわざ"変形するという妙にテクニカルなことをやっているということです。

　ですから，「なぜ，そういう式変形をするのか」というところにはさして重

要な意味はなく，「なるほど〜，それって一致するんだぁ」「地道に考えなくても，そうやって考えればいいんだぁ」というところが，本当は最大の感動ポイントなのです。

　証明のために式（II-26B-①）を式（II-26B-⑦）に変形するということをしましたが，最終的にはそんな変形をしなくてもいいし，思い付く必要もないのです。そんな妙な式変形などせず，「借入元本が，毎回の支払額の現在価値合計と等しくなる」という式（II-26B-⑦）からスパッと計算することを，数学が得意な人は「美しい」と言うのです。

27 ファイナンス・リース
～ローンが分かれば，リースも分かる

　リースは法的にはあくまでも賃貸借契約です。しかし，**法形式より経済的実態を重視する会計**においては，リース物件をあたかも我が物のように使っている場合は，企業が借り入れをして自ら取得したとみなして処理をします。いわゆる**ファイナンス・リース**と呼ばれるものです。

　ファイナンス・リース取引は「利息法」と言われる方法で処理するのが原則となっています。利息法は，「**26** ローンの計算」で説明したローンの元利均等払いそのものです。元利均等払いは「金利は残債に掛かる」という大原則に従った方法でした。ファイナンス・リースでは資金を借り入れたとみなすわけですから，その原則的な方法が利息法なのは当然です。利息法ではない方法は「簡便法」と言われますが，それは**「簡便法」と言うより「非論理的な方法」**です。

　以下の所有権移転外ファイナンス・リースを例に取り，会計基準等では触れられていない数学的なポイントを説明しましょう。ここでは，日本の「リース取引に関する会計基準」（企業会計基準第13号）を前提にします。

---

① 解約不能のリース期間：5年（リース取引開始日 X1年4月1日，決算日3月31日）

② 借手の見積現金購入価額：50,000千円（貸手のリース物件の購入価額は不明）

③ リース料：月額1,000千円（支払は毎月末）

④ 借手の追加借入利子率：年8%（貸手の計算利子率は不明）

⑤ 減価償却：残存価額0，耐用年数8年の定額法（減価償却費は月割りで計上）

まず，リース資産及びリース負債の計上額を決めます。貸手の購入価額等が明らかでない場合は，リース料を④で割り引いた現在価値と見積現金購入価額との低い額を用います。リース料は毎月支払いますから，支払回数は12回×5年＝60回，割引率は0.08/12を用いて，以下のようになります。

$$割引現在価値 \ = \ \sum_{i=1}^{60} \frac{1,000}{(1+0.08/12)^{i}} \qquad (Ⅱ\text{-}27\text{-}①)$$

　会計基準の設例では，式（Ⅱ-27-①）の計算結果が当たり前のように書かれていますが，これは当たり前には計算できません。

　1つの方法として，式（Ⅱ-27-①）の右辺のiを1から60まで変化させた値をそれぞれ計算し，その合計額を計算しても求められますが，リース期間がもっと長期になった場合，それでは大変です。

　式（Ⅱ-27-①）は，

$$初項 \ = \ \frac{1,000}{1+0.08/12}， \quad 公比 \ = \ \frac{1}{1+0.08/12}， \quad 項数 = 60$$

の等比数列の和になっていますから，以下のように等比数列の和の公式を使うのが数学を知っている人のスマートなやり方です。

$$式 (Ⅱ\text{-}27\text{-}①) = \frac{1,000}{1+0.08/12} \cdot \frac{1 - \left(\dfrac{1}{1+0.08/12}\right)^{60}}{1 - \dfrac{1}{1+0.08/12}}$$

$$\doteqdot \ 49,318 \,(千円) \qquad (Ⅱ\text{-}27\text{-}②)$$

　式（Ⅱ-27-②）では，60乗の計算が出てきます。これを電卓で計算するのは大変ですが，Excelには「＾」というべき乗計算の演算子がありますから，これを使えば簡単に計算できます。

　リース内容の②より，式（Ⅱ-27-②）の金額は見積現金購入価額よりも低いですから，式（Ⅱ-27-②）の金額をリース資産及びリース負債にします。

　この場合，リース料支払い時の支払利息は，その時点のリース債務残高に利

率 0.08 / 12 を乗じて計算し，支払利息をリース料から控除した残額をリース債務から控除します。これは，「 **26** ローンの計算」で説明した元利均等払いの計算方法そのものです。元利均等払いの額が毎月の支払リース料 1,000 千円であり，式 (Ⅱ-27-②) で計算しているのは年利 8％ に相当する借入元本の額です。

もし，借手の見積現金購入価額が 48,000 千円の場合は，この額の方が式 (Ⅱ-27-②) の額より低くなりますから，48,000 千円をリース資産及びリース債務の額とします。

この場合は，支払利息の利率を改めて計算する必要があります。その利率は，「48,000 千円の借入れを 60 カ月の元利均等払いで返済する場合，それは何％の利率に相当するか」ということです。

求める利率（年利）を r とすると，

$$48,000 = \sum_{i=1}^{60} \frac{1,000}{(1+r/12)^i} \qquad (\text{Ⅱ-27-③})$$

を満たす r を求めることになります。

会計基準の設例などでは，どうやって求めたのか全く謎のまま，この r の値が神の啓示のように突然現れます。確かに，この方程式は複雑過ぎて人間には解けません。でもそういう時は，神の助けを借りるのではなく，コンピュータの助けを借りるのです。たとえば，Excel の RATE 関数を使って求めると，

$$r = 0.09154 \ (= 9.154\％)$$

となります。

ちなみに，コンピュータの内部では，

$$f(r) = \sum_{i=1}^{60} \frac{1,000}{(1+r/12)^i} - 48,000$$

という関数の r に，あるアルゴリズムに従って求めた r の候補値を順次当てはめて $f(r)$ を計算し，$f(r)$ が限りなく 0 に近くなるまで繰り返し計算をする

ことによって，方程式 $f(r) = 0$ の解 r を発見的に求めています。RATE関数の場合は $f(r)$ が 0.0000001（$= 10^{-7}$）以下になるまで繰り返し計算をします。

　RATE関数には「推定値」というパラメータがありますが，上記のアルゴリズムを知らないと意味が分かりません。これは，繰り返し計算の初期値です。ただし，推定値は省略可能で，省略した場合は 0.1（$= 10\%$）が使われます。初期値によっては解が発見できない場合がありますが，ほとんどの場合は省略しても大丈夫です。

　ローンやファイナンス・リースなどのファイナンス関連の分野は，理論的な内容を数学的に理解していることに加えて，コンピュータを用いて実際に計算できることが実務家として重要です。**前者だけでは頭でっかち，後者だけでは単なる計算屋**になるだけです。

28 償却原価法
～基本にあるのは現在価値

償却原価法は，有価証券のうち，社債や国債などの満期保有目的の債券に対して用いられる評価方法です。「金融商品に関する会計基準」（企業会計基準第10号）には，「債券を債券金額より低い価額又は高い価額で取得した場合において，取得価額と債券金額との差額の性格が金利の調整と認められるときは，償却原価法に基づいて算定された価額をもって貸借対照表価額としなければならない。」とあります。

社債などの債券を額面金額と異なる価額で取得する典型例は，割引発行された社債を取得するケースです。割引発行とは，額面金額より低い価額で社債を発行することです。

社債の利率が市場利率よりも低い場合，金融商品として魅力が感じられませんから，このままでは誰にも買ってもらえません。そこで，たとえば額面100円の社債を90円に割り引いて発行するのです。償還されるのはあくまでも額面通りの100円ですから，償還時に差額10円が得られます。こうすることによって低い利率を調整し，トータルとして魅力的な金融商品にできるわけです。

これが，基準にある「差額の性格が金利の調整と認められるとき」ということです。

償却原価法の会計処理は利息法が原則とされています。以下の例を使って説明しましょう。

当社は，X1年1月1日に額面10,000円のA社社債を9,400円で取得した。この債券は満期であるX3年12月31日まで所有するつもりである。社債の利子率（クーポン利子率）は年2％であり，利払日は毎年12月末日である。

　もし，償却原価法を適用しないと，以下のような会計処理になります。

（X1年1月1日：取得）
　　（借）投資有価証券　　　　9,400　　（貸）現金預金　　　　　　9,400
（X1年12月31日及びX2年12月31日：利払い）
　　（借）現金預金　　　　　　　200　　（貸）有価証券利息　　　　　200
（X3年12月31日：最終利払い及び償還）
　　（借）現金預金　　　　　　　200　　（貸）有価証券利息　　　　　200
　　（借）現金預金　　　　　10,000　　（貸）投資有価証券　　　　9,400
　　　　　　　　　　　　　　　　　　　　　　債券償還益　　　　　　600

　上記の処理では，毎回の利息は低いままである一方で，額面金額と取得価額の差額が償還時に債券償還益のような形で一気に計上されます。これでは，その差額が金利の調整であるという経済的実態が描写されません。
　この債券の経済的実態は「9,400円投資した結果，3年間にわたって200円，200円，10,200円のリターンが得られる金融商品」です。利息法ではこの金融商品の利率をあらためて計算します。その利率のことを「実効利子率」と言います（それに対して，債券に記載されているクーポン利子率は「表面利率」と言われます）。

実効利子率の求め方はファイナンス・リースの利子率の求め方と全く同じです。ただし，立場は逆になります。ファイナンス・リースで計算した利率はリース債務に係る利率ですから，まとまったキャッシュ・インが先にあって，その後，それを返済するキャッシュ・アウトが複数年続く場合の利率です。債券の取得の場合は，まとまったキャッシュ・アウトが先にあって，その後，それに対するキャッシュ・インが複数年続く場合の利率です。

　立場は逆ですが，考え方は全く同じです。すなわち，**取得時にキャッシュ・アウトした額と，その後のキャッシュ・インの現在価値合計額が等価になるように，利率を計算する**のです。

　具体的には，以下の式を満たす r を求めます。

$$9{,}400 = \frac{200}{1+r} + \frac{200}{(1+r)^2} + \frac{10{,}200}{(1+r)^3} \qquad (\mathrm{II}\text{-}28\text{-}①)$$

　これは手計算では解けないので，コンピュータの助けを借ります。「 27　ファイナンス・リース」ではExcelのRATE関数を紹介しましたが，この関数はリターンがすべて同額の場合しか使えないので，式（II-28-①）の計算には使えません。**リターンが同額でない場合は，IRR関数を使います。**ちなみに，IRRはInternal Rate of Return（**内部利益率**）のことです。これを使うと $r=4.17\%$ と求まります（小数点以下第3位を四捨五入しています）。

　この利率を使って以下のように考えます。基本は「金利は残債に掛かる」です。リースの場合の「残債」は債務の残高でしたが，本節は立場が逆なので，債権の残高です（ここは「券」ではなく「権」です）。

　最初の債権残高は9,400円ですから，これに対する利息は9,400円×4.17％＝392円です。このうち，額面に対するクーポン利子率分である10,000円×2％＝200円は現金預金として受領しますが，残りの392円－200円＝192円は償還時に支払われます。この192円は**未収収益のようなもの**なので，その

まま

（借）未収収益　　　　　　192　　（貸）有価証券利息　　　　192

と処理してもいいようなものですが，償却原価法では投資有価証券勘定に加算します。まとめると，以下のような処理になります。

（借）現金預金　　　　　　200　　（貸）有価証券利息　　　　392
　　　投資有価証券　　　　192

　投資有価証券勘定は債権（＝請求権）ですから，意味合いとしては，社債発行企業Ａ社に対する請求権を増加させるということです。

　これによって，投資有価証券価額は9,400円＋192円＝9,592円となります。未収利息分を加算したこの価額を「償却原価」といいます。

　２回目の利息は，債権残高が9,592円になっていますから，これに対する利息は9,592円×4.17％＝400円になります。このうち，200円を現金預金として受領し，残りの400円－200円＝200円は投資有価証券勘定に加算します。これによって，投資有価証券の償却原価は9,592円＋200円＝9,792円になります。満期に向けて請求権が徐々に増加している感じです。

　最後の３回目の利息は，債権残高が9,792円に対する利息になりますから，9,792円×4.17％＝408円になります。このうち，200円を現金預金として受領し，残りの408円－200円＝208円は投資有価証券勘定に加算します。これによって，投資有価証券の償却原価は9,792円＋208円＝10,000円になります。これで社債発行企業に対する請求権と実際の償還額が同額になります。

　これで償還を迎えますから，償還時の処理は以下のようになります。

（借）現金預金　　　　10,000　　（貸）投資有価証券　　　10,000

これは「償還時の請求権をそのままもらって終わり」という感じです。額面金額と取得原価の差額は利息として保有期間全体に期間配分されているため，もはや債券償還益のような収益が一気に計上されることはありません。

　本節で分かっていただきたい一番のポイントは，ローンだろうとリースだろうと償却原価法だろうと，**金利に関わることはすべて現在価値という同一の数学的根拠に基づいている**ということです。

固定資産の減損の本質
〜やっていることは正味現在価値による投資の評価

　日本における固定資産の減損は，減損の兆候の把握，減損損失の認識，そして減損損失の測定と複数のステップを踏むこともあって，何をやっているのか少々分かりにくい基準となっていますが，やりたいことは，固定資産の帳簿価額よりも回収可能価額の方が下落している場合に，帳簿価額を回収可能価額まで切り下げ，差額を減損損失としてその期の費用に計上することです。

　その理論的根拠は，バッド・ニュースを早期開示することを旨とする保守主義にありますが，そのバッド・ニュースをどのように判定しているのでしょうか。

　ここでのポイントは，回収可能価額にあります。回収可能価額は，固定資産の正味売却価額と使用価値の大きい方とされています。

　正味売却価額とは，現時点で売却したときに得られる正味収入額で，使用価値とは，その資産を使い続けた場合に得られる価値です。固定資産に対する投資額を回収する手段は，今手放してお金に換えるか，使い続けてお金を稼ぐかのいずれかしかありませんから，そのいずれか大きい方がその固定資産の回収可能価額ということです。

　回収可能価額のうち，重要なのは使用価値です。これは，その固定資産の使用によって得られる将来キャッシュ・フローの現在価値と定義されています。

　なぜ，将来キャッシュ・フローの現在価値がその資産の「使用価値」と言えるのでしょうか。

実は,「使用価値」は「 **22** 資産の価値」のところで既にお話をしています。復習を兼ねて,あらためて説明しておきましょう。

ある資産を保有して使い続けると,n年目にC_n円のキャッシュが得られる資産があるとします。**この資産を今一括払いで買うとしたらいくらと等価か**——これがその資産の現在における使用価値です。

以下,キャッシュは銀行に預け入れ,それによって年rの金利が付くとします。

その資産を今P円で買うとします。もし,その資産を買わずに,P円を銀行に預け入れたままにすれば,金利rが複利で付きますから,n年後には,

$$P\,(1+r)^n\ (円) \qquad\qquad (\text{II-29-①})$$

になります。

一方,その資産を買った場合は,1年目に得られるC_1円のキャッシュはn年後まで$(n-1)$年分,2年目に得られるC_2円のキャッシュはn年後まで$(n-2)$年分,……というように金利が複利で付きますから,n年後には総額,

$$C_1\,(1+r)^{n-1}+\ C_2\,(1+r)^{n-2}+\ \cdots\ +\ C_{n-1}\,(1+r)\ +\ C_n\ (円)$$

$$(\text{II-29-②})$$

になります。

この資産を今P円で買うということは,n年後に式(II-29-①)のキャッシュを得ることを諦める代わりに,式(II-29-②)のキャッシュを得るということです。裏を返せば,売り手はn年後に,式(II-29-②)のキャッシュを得ることを諦める代わりに,式(II-29-①)のキャッシュを得ることになります。したがって,式(II-29-①)と式(II-29-②)が等しくなるPが,売り手と買い手の双方にとって等価交換となる価額ということになります。すなわち,Pは次を満たすことになります。

$$P(1+r)^n = C_1(1+r)^{n-1} + C_2(1+r)^{n-2} + \cdots + C_{n-1}(1+r) + C_n$$

（II - 29 - ③）

式（II - 29 - ③）の両辺を$(1+r)^n$で割れば，

$$P = \frac{C_1}{1+r} + \frac{C_2}{(1+r)^2} + \cdots + \frac{C_{n-1}}{(1+r)^{n-1}} + \frac{C_n}{(1+r)^n}$$

$$= \sum_{i=1}^{n} \frac{C_i}{(1+r)^i}$$

（II - 29 - ④）

となります。

式（II - 29 - ④）が，正に「使用価値は，将来キャッシュ・フローの現在価値」ということを表しています。

回収可能価額が使用価値の場合，減損となる条件は以下のときです。

$$\sum_{i=1}^{n} \frac{C_i}{(1+r)^i} < 帳簿価額$$

（II - 29 - ⑤）

帳簿価額は，「現時点において回収すべき投資額」と解釈できますから，式（II - 29 - ⑤）の帳簿価額を投資額に置き換えて，少々変形してみましょう。

$$\sum_{i=1}^{n} \frac{C_i}{(1+r)^i} < 投資額$$

$$\sum_{i=1}^{n} \frac{C_i}{(1+r)^i} - 投資額 < 0$$

（II - 29 - ⑥）

式（II-29-⑥）の左辺に見覚えはないですか？　実は，式（II-29-⑥）の左辺は，「**21**　正味現在価値で投資を評価することの本質」で出てきたNPV（Net Present Value：正味現在価値）になっています。つまり，**式（II -29- ⑥）は，NPV < 0 ということを表している**のです。

ある固定資産を取得しようと計画した際に行った投資の評価は当然NPV > 0だったはずですが，いざ投資をしてみたら思い通りに行かないことは多々あります。もし，**事後的にあらためてNPVを計算して NPV < 0 となった**

ならば，投資が失敗だったことを潔く認めて明るみに出しなさい，というのが減損会計が求めていることなのです。

　これが，数学的に解釈することによって初めて見えてくる，固定資産の減損の本質です。

有形固定資産を除去する際に発生する処分費用のようなものは，それが発生する除去時に費用として計上するというのが普通の発想だと思いますが，「資産除去債務に関する会計基準」（企業会計基準第18号）では以下のように処理することになっています。

- 資産除去時に要するキャッシュ・フローを取得時に見積もり，その割引現在価値を資産除去債務として負債に計上する。
- 資産除去債務と同額を有形固定資産の取得価額に加算する。
- 取得価額に含めた額は，減価償却を通じて当該有形固定資産の耐用年数にわたり各期に費用配分する。
- 負債に計上されている資産除去債務の期首帳簿価額に，割引現在価値の算定に使用した割引率を乗じたものを，時の経過による資産除去債務の調整額として費用に計上する。

具体例を見てみましょう。

> 設備を取得原価100,000で現金を支払って期首に取得した。この設備は，耐用年数5年，残存価額0の定額法で減価償却する。また，当該設備を除去するときの支出は10,000と見積られている。割引率は3％とする。

まず, 資産除去債務は,

$$\frac{10,000}{(1+0.03)^5} = 8,626$$

となりますから, 取得時の仕訳は以下のようになります。

(借) 設備　　　　　108,626　　（貸）現金　　　　　　100,000

　　　　　　　　　　　　　　　　資産除去債務　　　8,626

減価償却費は$108,626 ÷ 5$年$= 21,725$なので, 当期末にはまず以下の処理をします。

(借) 減価償却費　　　21,725　　（貸）減価償却累計額　21,725

また, 時の経過による資産除去債務の調整額は$8,626 × 0.03 = 259$なので, 以下の処理をします。

(借) 利息費用　　　　　　259　　（貸）資産除去債務　　　259

　これが会計基準が求めている処理ですが, なぜこんな処理をするのでしょうか。

　根底にある理論的根拠は, 費用収益対応原則です。減価償却の理論的根拠も費用収益対応原則にありますが, それは取得に伴うキャッシュ・アウトの効果は取得時だけのものではなく, 耐用年数にわたって収益獲得に貢献するはずだからです。そのため, 減価償却費という費用は耐用年数に渡って配分して計上するわけです。

　そうであるならば, 除去時のキャッシュ・アウトも同じように扱わないと整合性に欠ける話になってしまいますが, それは除去時のキャッシュ・アウトも, 耐用年数にわたって収益獲得に貢献してきたからこそ発生するものだからです。そこで, これを取得価額に加算して, 取得原価と同様に減価償却を通じて

耐用年数全体に配分しようというわけです。

　ただし，取得時と除去時ではキャッシュ・アウトのタイミングが異なりますから，単純に加算するわけには行きません。なぜなら，キャッシュ・フローに時間差があれば，そこには時間価値だけの差があるからです。そこで，除去時のキャッシュ・アウトを現在（＝取得時）の価値に換算してから，取得時のキャッシュ・アウト（＝取得原価）に加算するのです。

　キャッシュ・フローに時間差があるときは，とにかく"現在価値"というのが，イマドキの常道です。

　定性的な意味を考えるならば，除去時に要するキャッシュ 10,000 は除去時に処分業者に支払えばいいので，資産の取得時にはその全額を用意しておく必要はありません。もし，取得時に前倒しして支払うならば，10,000 を 5 年分の利回りで割り引いた 8,626 を支払えば処分業者は満足するはずです。割引率とは現実的な運用利回りですから，それが 3 ％ということは，処分業者は現時点で受け取った 8,626 を 5 年後には 10,000 にできるからです。

　8,626 を前倒しして支払わずに 1 年経過すると，その時点の負債は 10,000 を 4 年間で割り引いた以下の金額になります。

$$\frac{10{,}000}{(1+0.03)^4} = 8{,}885$$

これは，5 年間で割り引いた最初の負債額と比べると，

$$\frac{10{,}000}{(1+0.03)^4} - \frac{10{,}000}{(1+0.03)^5}$$

$$= \frac{10{,}000}{(1+0.03)^5} \times \{(1+0.03)-1\}$$

$$= \frac{10{,}000}{(1+0.03)^5} \times 0.03$$

$$= 8{,}626 \times 0.03$$

だけ増加しています。これが，「時の経過による資産除去債務の調整額」と会計基準が言っている「資産除去債務の期首帳簿価額に，割引現在価値の算定に使用した割引率を乗じたもの」です。

これも定性的に考えると，前期のうちに支払ってしまえば8,626の支払いで済んだところが，支払わずに1年経過してしまったので，処分業者が満足する金額が8,885に上昇してしまい，差額の259（＝8,626×0.03）は費用として確定したということです。支払いの猶予という，いわゆる期限の利益を1年分喪失したことによって，金利相当分の費用が確定したと言ってもいいでしょう。

耐用年数全体にわたる利息費用と減価償却費（資産除去債務分）は 次のようになります。

図表2-24　利息費用と減価償却費

	資産除去債務	利息費用	減価償却費
取得時	8,626		
1年後	8,885	259	1,725
2年後	9,152	267	1,725
3年後	9,427	275	1,725
4年後	9,710	283	1,725
5年後	10,001	291	1,725
合　計	－	1,375	8,625

(注) 5年後の資産除去債務が10,001となっているのは四捨五入に伴う誤差です。

上記から，耐用年数全体の費用総額は以下のようになることが分かります。

減価償却費8,625 ＋ 利息費用1,375 ＝ 10,000

つまり，除去時に見込まれるキャッシュ・アウト額10,000のうち，現在価値相当分は減価償却によって期間配分し，割り引いた分は利息の支払いのように期間配分するということが行われているのです。

　「金融商品に関する会計基準」（企業会計基準第10号）には，貸倒懸念債権の貸倒見積高の算定方法として２つの方法が規定されています。その中に，「キャッシュ・フロー見積法」と呼ばれる以下の方法があります。

> 　債権の元本および利息について元本の回収及び利息の受取りが見込まれるときから当期末までの期間にわたり当初の約定利子率で割り引いた金額の総額と債権の帳簿価額との差額を貸倒見積高とする。
>
> （同基準28.（2）②）

字面だけ見ても何のことか分かりにくいので，具体例で説明しましょう。

> 　Ａ銀行がＢ社に対して1,000,000を約定利子率5％（年1回毎期末後払い）で貸し付けた。残存期間は5年で，元本は期限に一括返済することになっている。この貸付金に対して，経営状態が悪化したＢ社からＸ1年3月31日の利払い後に，Ａ銀行に対して条件緩和の申し出があり，Ａ銀行は約定利子率を2％に引き下げることに合意した。

　上記の例でＸ1年3月31日におけるＡ銀行の貸倒見積高をキャッシュ・フロー見積法で算定すると以下のようになります。

　まず，条件緩和後の利息は$1,000,000 \times 2\% = 20,000$ですから，Ａ銀行の将来キャッシュ・フローは次のようになります。

図表2-25 A銀行の将来のキャッシュ・フロー

X2/3/31	X3/3/31	X4/3/31	X5/3/31	X6/3/31
20,000	20,000	20,000	20,000	1,020,000

これより，基準の「元本の回収及び利息の受取りが見込まれるときから当期末までの期間にわたり当初の約定利子率で割り引いた金額の総額」は以下のようになります。

$$\frac{20,000}{1.05} + \frac{20,000}{1.05^2} + \frac{20,000}{1.05^3} + \frac{20,000}{1.05^4} + \frac{1,020,000}{1.05^5} = 870,116$$

これと帳簿価額1,000,000との差額を貸倒見積高としますので，貸倒見積高は以下のようになります。

$$1,000,000 - 870,116 = 129,884 \qquad (\text{II}-31-①)$$

これより，X1年3月31日の条件緩和時における引当金の設定は以下のような処理になります。

（借）貸倒引当金繰入額　　129,884　　（貸）貸倒引当金　　　　129,884

これが基準で言われている方法ですが，なぜこれが貸倒見積高になるのでしょうか。それを理解するためには，いきなり現在価値で考えるよりも，5年後の総額で考える方が分かりやすいと思います。

まず理解する必要があるのは，A銀行が約定利子率を当初5％にしていたということの意味です。それは，**A銀行は5％で運用できる機会を有している**ということを意味します。その理由は以下の通りです。

A銀行に5％の運用機会があれば，今1,000,000を手放すことによって失う今後5年間の元利合計額は，

$$1,000,000 \times 1.05^5 = 1,276,282 \qquad (\text{II}-31-②)$$

となります。

一方，約定利子率5％で貸し付けた場合の利息は$1,000,000 \times 5\% = 50,000$ですから，A銀行が得られるキャッシュ・フローをその都度5％で運用した場合に得られる今後5年間の元利合計額は，

$$50,000 \times 1.05^4 + 50,000 \times 1.05^3 + 50,000 \times 1.05^2 +$$
$$50,000 \times 1.05 + 1,050,000 = 1,276,282 \qquad (\text{II-31-③})$$

となります。

　式（II-31-②）と式（II-31-③）の金額が等しくなるのは，今$1,000,000$手放すことと，約定利子率5％で貸し付けることをA銀行が等価だと考えている証です。そして，それが等価になるのは，A銀行が5％で運用できる機会を有しているからです。言い換えれば，B社に貸さなくても，他に5％で運用できるところがあるので，わざわざB社に貸すからにはB社にも同程度の利回りを求めているとも言えます。

　さて，A銀行が条件緩和の求めに応じて約定利子率を2％に引き下げた場合，A銀行が有している5％の運用機会でその都度運用すると，A銀行が今後5年間に得られる元利合計額は次のようになります。

$$20,000 \times 1.05^4 + 20,000 \times 1.05^3 + 20,000 \times 1.05^2 + 20,000 \times 1.05$$
$$+ 1,020,000 = 1,110,513$$
$$(\text{II-31-④})$$

　これは，式（II-31-②）の金額より小さくなりますから，A銀行は$1,000,000$をB社に貸さずに，5％の運用機会の方で運用した方がマシだったということになります。

　したがって，今から5年後においては，式（II-31-②）と式（II-31-④）の差額である

$$1,000,000 \times 1.05^5 - (20,000 \times 1.05^4 + 20,000 \times 1.05^3$$
$$+ 20,000 \times 1.05^2 + 20,000 \times 1.05 + 1,020,000) = 165,769$$
$$(\text{II-31-⑤})$$

だけ損をすることになります。

　式（II - 31 - ⑤）は5年後の損失額ですが，引当金を設定するのは現在なので，式（II - 31 - ⑤）を現在時点の金額，すなわち現在価値に修正しましょう。そのためには，式（II - 31 - ⑤）の両辺を1.05^5で割ればいいので，以下のようになります。

$$1,000,000 - \left(\frac{20,000}{1.05} + \frac{20,000}{1.05^2} + \frac{20,000}{1.05^3} + \frac{20,000}{1.05^4} + \frac{1,020,000}{1.05^5} \right)$$

$$= \frac{165,769}{1.05^5}$$

$$= 129,884 \qquad\qquad\qquad\qquad\qquad (\text{II} - 31 - ⑥)$$

　式（II - 31 - ⑥）が，「元本の回収及び利息の受取りが見込まれるときから当期末までの期間にわたり当初の約定利子率で割り引いた金額の総額と債権の帳簿価額との差額」です。当然のことながら，式（II - 31 - ①）の計算結果と一致しています。

　本節のポイントは，当初の約定利子率と条件緩和後の約定利子率の意味の違いを明確に区別することです。当初の約定利子率は，A銀行がB社以外でも現実的に実現可能な運用利回りを意味しています。A銀行が誰に対しても設定する標準的な利子率ということです。それに対して，条件緩和後の約定利子率はB社だけに対する利子率です。両者の違いを明確に区別することによって，計算の意味が初めてクリアになるはずです。

32　サイン・コサインなんて何に使う？
〜三角関数のお話

　数学でつまずいた人の中には，サイン・コサイン・タンジェントがきっかけだった人が少なくないかもしれません。そういう人は，「サイン，コサインなんてどこで使うんだ？」「こんなもの知らなくても生きていけるよ」と思ったことでしょう。

　確かに，普段の生活の中でサイン・コサインを使う場面はほとんどないでしょう。会計の分野にも無縁のような気がしますが，実はそうでもないのです。実例は「**33**　土地評価にサイン・コサインを使う」に譲るとして，本節はサイン・コサインの基本をお話ししましょう。

　サイン・コサインは，三角形の角度と辺の比に関する関係に関するものです。そのため，サイン・コサインのことを**三角比**とか**三角関数**などと言います。

　図表2-26 のような直角三角形があった場合，直角以外の1つの角度が等しければ，残りの角度も等しいので，そのような直角三角形はすべて相似になります。

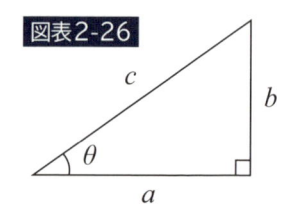

図表2-26

　ということは，直角三角形の辺の比は角度だけで決まることになります。そこで，角度 θ（シータ）に対して，以下のように定義します。

$$\sin \theta = \frac{b}{c} \ , \ \cos \theta = \frac{a}{c} \ , \ \tan \theta = \frac{b}{a} \qquad （\text{II}-32-①）$$

　左から，「サインシータ」，「コサインシータ」，「タンジェントシータ」と読みます。「シータって何だよ？」と思うかもしれませんが，数学では習慣的に

角度をギリシャ文字で表すことが多いだけのことです。

　サイン・コサイン・タンジェントは，どれがどれだかこんがらがちですが，図表2-27 のように，直角三角形に筆記体の小文字 s, c, t をそれぞれ重ねて，sがサイン，cがコサイン，tがタンジェントと覚えるというのが古典的な覚え方です。

図表2-27

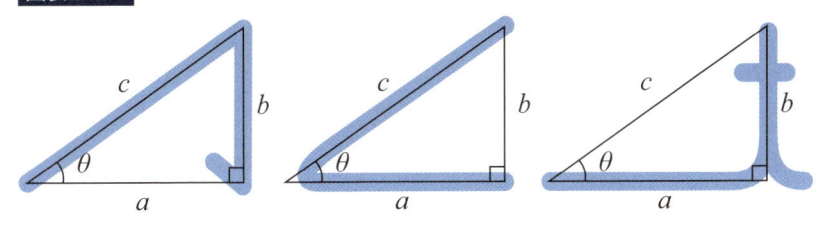

図表2-28

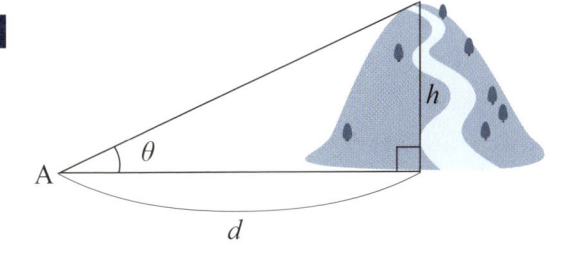

　これらの三角比は，古代エジプトにおける測量が起源と言われています。たとえば，山の高さを測りたいときに，図表2-28 のように山頂の地点から距離dだけ離れたところから山頂を見上げたときの角度を測ります。その角度がθだとすれば，

$$\tan \theta = \frac{h}{d}$$

ですから，$\tan\theta$ が分かれば，山の高さhは$h = d\tan\theta$と求めることができるわけです。

このような計算に使うために，古代人はいろいろな角度θに対して$\sin\theta$，$\cos\theta$，$\tan\theta$の値を計算し，一覧表にまとめていました。現在は，コンピュータによって任意の角度θに対して$\sin\theta$，$\cos\theta$，$\tan\theta$を計算することができます。

　直角三角形である限り角度θは必ず鋭角（$0° < \theta < 90°$）ですが，図表2-29 のように，xy平面上における半径r（$r>0$）の円周上の点Pの座標(x, y)に対して三角比を以下のように定義すると，任意の角度θに対して三角比を定義することができます。

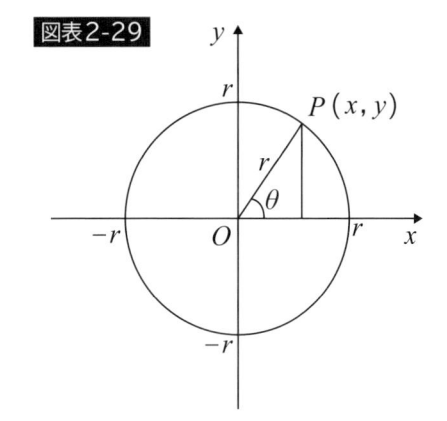

図表2-29

$$\sin\theta = \frac{y}{r}, \quad \cos\theta = \frac{x}{r}, \quad \tan\theta = \frac{y}{x}$$

　図表2-30 のようにθが鈍角（$90° < \theta < 180°$）の場合，$x < 0$となるので，$\cos\theta < 0$となります。また，$\theta = 90°$のときは$x = 0$となるので，$\cos\theta = 0$となります。なお，$0° < \theta < 180°$の範囲では常に$y > 0$なので，θが三角形の内角である限り常に$\sin\theta > 0$です。

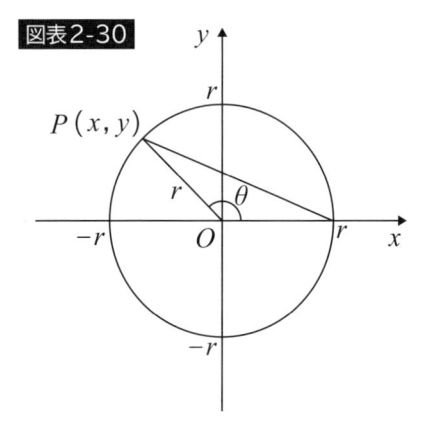

図表2-30

三角比に関しては，いくつかの重要な公式があります。まず，tanに関して，

$$\tan \theta = \frac{\sin \theta}{\cos \theta} \qquad (\text{II} \text{-} 32 \text{-} ②)$$

が成り立ちます。これは，式（II-32-①）より，

$$b = c \sin\theta, \qquad a = c \cos\theta \qquad (\text{II} \text{-} 32 \text{-} ③)$$

ですから，

$$\tan \theta = \frac{b}{a} = \frac{c \sin \theta}{c \cos \theta} = \frac{\sin \theta}{\cos \theta}$$

となることから容易に分かります。

次に，sinとcosの関係を結びつけるのが以下の公式です。

$$\sin^2 \theta + \cos^2 \theta = 1 \qquad (\text{II} \text{-} 32 \text{-} ④)$$

ここで，$\sin^2\theta$, $\cos^2\theta$は，それぞれ$(\sin\theta)^2$, $(\cos\theta)^2$のことです。

これは，　図表2-26　の直角三角形において，三平方の定理

$$a^2 + b^2 = c^2 \qquad (\text{II} \text{-} 32 \text{-} ⑤)$$

が成り立ちますから，式（II-32-⑤）のa, b に式（II-32-③）を代入することにより，

$$(c \cos\theta)^2 + (c \sin\theta)^2 = c^2$$

$$\therefore \sin^2\theta + \cos^2\theta = 1$$

と容易に証明できます。

式（II-32-④）は，sin, cosの**いずれか一方が分かれば，他方も分かる**ことを意味しています。

次は**余弦定理**と呼ばれるものです。　図表2-31　のような任意の三角形△ABCに対して，以下の式が成り立ちます。

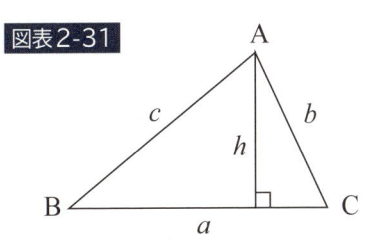

図表2-31

$$a^2 = b^2 + c^2 - 2bc\cos A \qquad (\text{II}-32-\textcircled{6})$$

$$b^2 = c^2 + a^2 - 2ca\cos B \qquad (\text{II}-32-\textcircled{7})$$

$$c^2 = a^2 + b^2 - 2ab\cos C \qquad (\text{II}-32-\textcircled{8})$$

証明は少々長くなるので割愛しますが，**余弦定理は，三平方の定理を直角三角形ではない任意の三角形に拡張したもの**です。逆に言えば，三平方の定理は，余弦定理において1つの角が90°の場合の特別なケースです。たとえば，頂点Aの角度Aが90°のとき，$\cos A = 0$になりますから，式（II-32-⑥）は

$$a^2 = b^2 + c^2$$

という三平方の定理の形になります。

余弦定理は，以下のように変形することができます。

$$\cos A = \frac{b^2 + c^2 - a^2}{2bc} \quad \cos B = \frac{c^2 + a^2 - b^2}{2ca} \quad \cos C = \frac{a^2 + b^2 - c^2}{2ab}$$

上記の式は，**三角形の3辺の長さが分かれば，任意の角に対する$\cos$が求められる**ことを意味しています。

次は**加法定理**と呼ばれる公式です。これも証明は割愛しますが，任意のα，βに対して以下の式が成り立ちます。

$$\sin(\alpha + \beta) = \sin\alpha\cos\beta + \cos\alpha\sin\beta \qquad (\text{II}-32-\textcircled{9})$$

$$\cos(\alpha + \beta) = \cos\alpha\cos\beta - \sin\alpha\sin\beta \qquad (\text{II}-32-\textcircled{10})$$

これは，2つの角の和に対する$\sin$, $\cos$を展開する公式です。式（II-32-⑨）は「**咲いたコスモス，コスモス咲いた**」，式（II-32-⑩）は「**コスモスコスモス，咲いた咲いた**」などと覚えます。式（II-32-⑩）の$\cos$の場合は，2つの項目の和ではなく差になることに注意してください。

最後に，三角形の面積に関する公式を紹介しておきましょう。 **図表2-31** の△ABCの面積Sは，小学校で習った「底辺×高さ÷2」により計算できますから，以下のようになります。

$$S = \frac{1}{2}ah \qquad (\text{II}-32-\textcircled{11})$$

ここで,

$$h = b\sin C$$

ですから, これを式 $(\text{II} - 32 - ⑪)$ に代入することによって,

$$S = \frac{1}{2} ab \sin C \qquad (\text{II} - 32 - ⑫)$$

という公式が得られます。式 $(\text{II} - 32 - ⑫)$ は, 三角形の任意の2辺とその挟む角が分かれば, 三角形の面積が求められることを表しています。

　土地を相続したような場合は，相続税の計算のために土地を評価する必要が生じます。その代表的な方法に路線価による評価方法があります。路線価は土地1㎡当たりの価額なので，土地の面積が分かれば，その土地の評価額を計算することができます。

　土地の面積は，土地の登記簿に付されている図面から計算することができます。実例として，図表2-32 の図面を見てみましょう。実際の図面では，a ～ gのところには長さが記入されていますが，一般化するために，ここでは記号にしてあります。

図表2-32

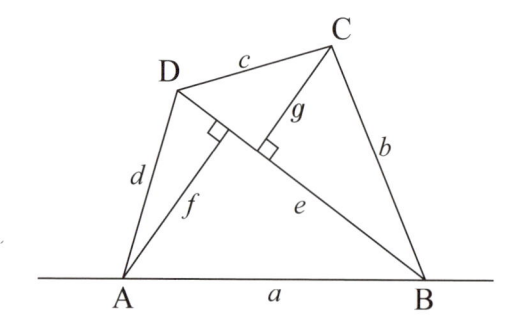

　この土地の面積Sは，△ABDと△BCDの面積として求めることができますから，以下のように容易に求めることができます。

$$S = \frac{1}{2}ef + \frac{1}{2}eg = \frac{1}{2}e\,(f+g)$$

　土地の評価額を求めるだけならこれでおしまいですが，実は話はここで終わりません。図表2-32 のように，地形がきれいな長方形でない場合，きれい

な地形の土地よりも評価額は低いはずだとの考えから，一定率評価額を割り引くことになっています。これを不整形地補正といいます。これをやれば評価額が下がりますから，相続税が有利になります。

　詳細は割愛しますが，図表2-33 のような評価対象の土地に外接する長方形ＡＢＥＦ（「想定整形地」と言います。）と，評価対象の土地ＡＢＣＤとの面積比率によって割引率は決まりますので，長方形ＡＢＥＦの面積を求める必要があります。

図表2-33

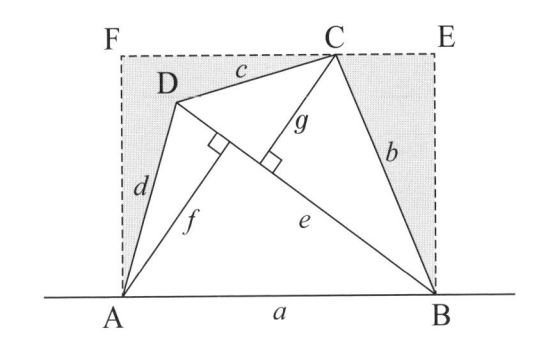

　長方形ＡＢＥＦの1つの辺ＡＢの長さは，図面からaと分かりますから，これに対する高さが分かれば長方形ＡＢＥＦの面積を求めることができます。この高さをxとすると，図表2-34 において，点Ｃから辺ＡＢに下した垂線の足をＨとしたときのＣＨの長さがxになります。

図表2-34

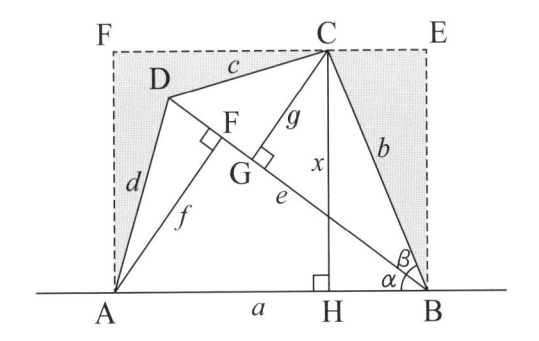

直角三角形△BCHに注目すると，

$$\sin(\alpha+\beta) = \frac{x}{b}$$

ですから，三角関数の加法定理を使って，

$$x = b\sin(\alpha+\beta)$$
$$= b(\sin\alpha\cos\beta + \cos\alpha\sin\beta) \qquad (\text{II}\text{-}33\text{-}①)$$

となります。したがって，$\sin\alpha$，$\sin\beta$，$\cos\alpha$，$\cos\beta$が分かれば，式（II-33-①）が計算できることになります。

まず，2つの直角三角形△ABFと△BCGから，

$$\sin\alpha = \frac{f}{a} \qquad \sin\beta = \frac{g}{b}$$

と求まります。

一方，△ABDと△BCDのそれぞれに余弦定理を用いることにより，

$$\cos\alpha = \frac{a^2 + e^2 - d^2}{2ae}$$

$$\cos\beta = \frac{b^2 + e^2 - c^2}{2be}$$

と求めることができます。

以上で，式（II-33-①）の$\sin\alpha$，$\sin\beta$，$\cos\alpha$，$\cos\beta$のすべてが分かりましたからxが計算できます。これで晴れて長方形ABEFの面積が計算できるわけです。

「サイン，コサインなんて何の役に立つんだよ」と思われがちですが，我々会計・税務に携わる者にとっては，こんなところで役に立つのです。言葉を換えれば，こういう計算ができるかどうかによって，会計・税務のプロとして差が付くとも言えます。

34 微分
～微分は瞬間的な変化率を求める手法

　高校で学ぶ数学の大きな分野に微分・積分があります。これも，よく分からないまま高校生活を終えた人が少なからずいるかもしれません。それを揶揄して，微分は「微（かす）かに分かる」，積分は「分かった積もりになる」の意味だという人もいます。本節は，次節以降の準備として，微分の基本をお話しします。

　微分・積分を発見した1人は，彼の有名なニュートンです。リンゴが木から落ちるのを見て万有引力の法則を発見したと言われているように，ニュートンは物理学者でもありますから，微分・積分は運動力学に密接に関係しています。

　今，時間 x と距離 y の関係が 図表2-35 のように $y = f(x)$ という関係にあるとします。このとき，時間が x だけ経過したときの点 P_0 における速さを求めるにはどうしたらいいでしょうか。

図表2-35 平均速度

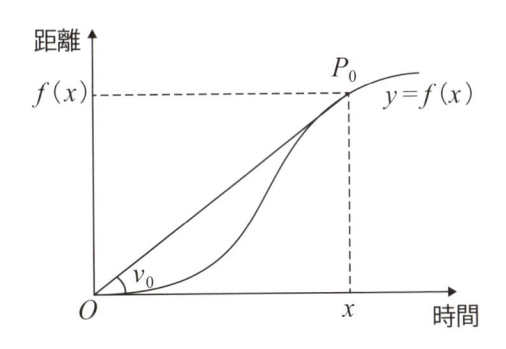

　1つの方法は，図表2-35 のように，x だけ時間が経過したときの距離 $f(x)$ を経過時間 x で割ることによって，速さ v_0 を

$$v_0 = \frac{f(x)}{x}$$

（Ⅱ-34-①）

と計算する方法です。これは，小学校で習った「速さ＝距離÷時間」という
やつです。

式（Ⅱ-34-①）で速さが求められる前提は，時間 x と距離 y の関係が直線
的であることです。その場合は早さが常に一定なので，式（Ⅱ-34-①）のよ
うな単純な割り算で求められます。しかし，たとえば速さが常に時速40km
ということは，動き出した瞬間から時速40kmになるということですから，ど
んなにロケットスタートをしたとしても，現実的にはあり得ません。そもそも
ロケットだって，時速0から徐々に加速していきます。

実際は，図表2-35 のように，時間 x と距離 y の関係は曲線的になります。
その場合，式（Ⅱ-34-①）は，点 O から点 P_0 までどのように移動したのかと
いう途中経過を全く無視して，単にその時点の距離を経過時間で割っていま
すから，この計算で求めているのは点 O から点 P_0 までの平均速度ということ
になります。

点 P_0 を走行している自動車のスピードメータに表示される値はこうはなり
ません。スピードメータに表示されるのは，そのときの瞬間の速度だからです。

図表2-36　瞬間速度

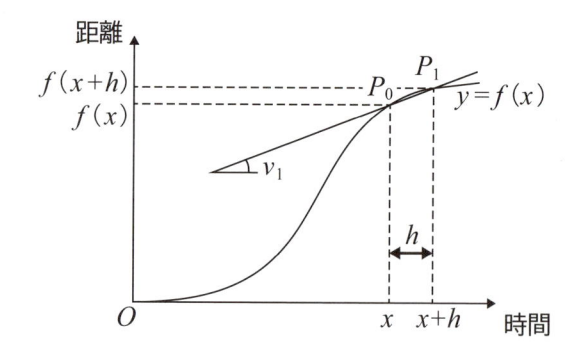

ただ，時間 x と距離 y の関係が曲線的に変化する場合，点 P_0 の瞬間速度をいきなり計算することはできません。そこで，点 P_0 から少しの時間 h だけ経過した点 P_1 を取り，点 P_0 から点 P_1 までの平均速度で点 P_0 における瞬間速度を近似しましょう。

P A R T II

　時間が h だけ経過する間に距離は $f(x+h)-f(x)$ だけ移動しますから，2点間の平均速度 v_1 は，

$$v_1 = \frac{f(x+h)-f(x)}{h}$$

となります。この式で，h を限りなく0に近付ければ，v_1 は点 P_0 における瞬間速度になります。これを式で書けば以下のようになります。

$$点\ P_0\ における瞬間速度 = \lim_{h \to 0} \frac{f(x+h)-f(x)}{h} \quad （Ⅱ-34-②）$$

　上記の式の $\lim_{h \to 0}$ は「h を限りなく0に近付ける」という意味の記号です。limはlimitの意味で，「リミット」と読みます。リミットの計算結果を数学では「極限」と言い，その計算をすることを「極限を取る」などと言います。式（Ⅱ-34-②）で計算される値は，点 P_0 における接線の傾きになります。

　これが微分の考え方です。微分とは，「微小な部分に分ける」という意味で，局所的な変化率を計算するものなのです。

　一般に，式（Ⅱ-34-②）で計算されるものを関数 $y = f(x)$ の「微分係数」や「導関数」と言い，y' や $f'(x)$ のようにダッシュを付けて表します。あらためて式を書くと以下のようになります。

$$f'(x) = \lim_{h \to 0} \frac{f(x+h)-f(x)}{h}$$

$$（Ⅱ-34-③）$$

関数 $y = f(x)$ に対して，式（Ⅱ-34-③）の導関数を求めることを「微分する」と言います。「y を x で微分する」ということを明確にしたい場合は，

$$\frac{dy}{dx}$$

と書くこともあります。これは分数式ではなく，これで1つの記号です。

式（Ⅱ-34-③）が微分の定義式ですが，いちいちこれを使って計算することはまずありません。特に $f(x) = x^n$ で表される x の多項式関数の場合は非常に簡単な公式があります。

たとえば，$f(x) = x^3$ の場合を式（Ⅱ-34-③）に当てはめて計算してみましょう。式（Ⅱ-34-③）の分子は，

$$
\begin{aligned}
(x+h) - f(x) &= (x+h)^3 - x^3 \\
&= x^3 + 3x^2 h + 3x h^2 + h^3 - x^3 \\
&= 3x^2 h + 3x h^2 + h^3
\end{aligned}
$$

となるので，

$$
\begin{aligned}
f'(x) &= \lim_{h \to 0} \frac{f(x+h) - f(x)}{h} \\
&= \lim_{h \to 0} \frac{3x^2 h + 3x h^2 + h^3}{h} \\
&= \lim_{h \to 0} (3x^2 + 3x h + h^2) \qquad &\text{（Ⅱ-34-④）} \\
&= 3x^2 \qquad &\text{（Ⅱ-34-⑤）}
\end{aligned}
$$

となります。式（Ⅱ-34-⑤）は，単に式（Ⅱ-34-④）の h を 0 にしているだけです。

一般的な証明は割愛しますが，この結果から想像できるように，一般に 0 以外の整数 n に対して，

$$(x^n)' = n x^{n-1}$$

が成り立ちます。これは $n < 0$ に対しても成り立ちますので，たとえば

$$\left(\frac{1}{x}\right)' = (x^{-1})' = (-1)x^{-2} = -\frac{1}{x^2}$$

となります。

　$n=0$のときは定数関数になります。定数関数は全く変化しませんので，その変化率は0です。一般的に，定数aに対しては以下が成り立ちます。

$$(a)' = 0$$

　また，aを定数，$f(x)$，$g(x)$をそれぞれxの関数とすると，微分には以下のような性質があります。

$$(af(x))' = af'(x)$$
$$(f(x) + g(x))' = f'(x) + g'(x)$$
$$(f(x) - g(x))' = f'(x) - g'(x)$$

　微分の根底にある考えは，「全体像をいきなり把握することは難しいから，微小な部分に分けて見て行こう」というものです。これは，人体を輪切りにしてちょっとずつ映像化するCTスキャンの発想です。

　これと反対の発想が積分です。積分は，局所的な部分の積み上げによって全体量を計算する方法です。詳細な説明は割愛しますが，数学的には微分の逆演算として定義されます。

　積分の根底にある考え方は，「局所的な部分を積み上げれば全体になる」というものです。これはインクジェットプリンターの発想です。インクジェットプリンターは，1本ごとに少しずつ異なる1次元の直線を積み重ねることによって2次元の画像を作り上げる装置だからです。この発想を3次元に拡張したのが3Dプリンターです。3Dプリンターは，1枚ごとに少しずつ異なる断面を積み重ねることによって3次元の立体を作り上げる装置だからです。

　管理会計における利益概念に限界利益と貢献利益があります。多くの場合，2つの利益はいずれも「売上高−変動費」と定義され，それを表す言い方に「限界利益」と「貢献利益」という2通りの言い方があるような説明がされています。しかし，言葉は概念そのものです。言葉が違う以上，限界利益と貢献利益は概念が異なります。

　限界利益の「限界」は，その背後にある概念が理解できていないと，何のことを言っているのか全く分からない言葉だと思います。

　限界利益の背後にあるのは微分の概念です。「限界」という言葉は，数学における「極限」を意味しているのです。

　売上高をx，利益をyとして，利益yが売上高xの関数として，

$$y = f(x)$$

と表されるとします。このとき，xがわずかに変化したときの$f(x)$の変化のことを，会計や経済学の分野では，「xが限界的に変化したときの$f(x)$の変化」というような言い方をします。そのときの$f(x)$の変化量が限界利益なのです。

　これを数学的に表現すれば，

$$限界利益 = \lim_{h \to 0} \frac{f(x+h) - f(x)}{h}$$
$$= f'(x)$$

ということです。

　今，売上高変動費率をv，固定費をfとして，費用が売上高xの関数として

$$費用 = vx + f \qquad (\text{II-35-①})$$

と表されるとすると，利益を表す関数$f(x)$は，

$$f(x) = x - (vx + f)$$
$$= (1-v)x - f \qquad (\text{II-35-②})$$

となります。したがって，

$$f'(x) = 1 - v \qquad (\text{II-35-③})$$

となります。これが，売上高が"限界的に"変化したときの利益の変化量，すなわち限界利益です。

　式（II-35-③）が定数になるということは，単位当たりの限界利益は，売上高xの値に関係なく，常に一定ということです。一定になるのは，費用が式（II-35-①）のような一次関数で表されると仮定しているため，利益も式（II-35-②）のような一次関数になるからです。

　会計の世界では，式（II-35-③）を「限界利益率」と呼び，特定の売上高$x = x_0$のときの利益の増分$(1-v)x_0$を「限界利益」と呼んでいます。

　式（II-35-③）に「限界利益率」などという名称を付けられるのは，式（II-35-③）が一定の率になっているからです。それは，会計が，利益を直線近似できるような狭い範囲，もしくはそういう単純なケースしか前提にしていないからです。社会全体の動きを扱う経済学の世界では，利益を単純な一次関数と仮定せず，一般的な関数で表します。その関数が$f(x)$だとすると，経済学における限界利益の概念は$f'(x)$そのものなので，経済学の立場では式（II-35-③）が限界利益に相当します。

　いずれにしても，限界利益の「限界」は微分の概念ですから，限界利益は「利益の変化量」に重きを置いた概念になっているということです。

　それに対して，貢献利益は，文字通り「何かに貢献している利益」ということです。何に貢献しているのかというと，それは固定費の回収です。貢献利益は，「固定費の回収に貢献する利益」という意味です。

　それは 図表2-37 のようなイメージです。固定費は，寝ても覚めても遊んでいても，組織に常にドーンと横たわっている費用です。製品を作って売る

ごとに，この固定費を製品1個当たりの個別利益が回収してくれるというイメージです。製品1個当たりの個別利益とは，製品の売価から材料費のような変動費だけを引いた利益です。

図表2-37　貢献利益

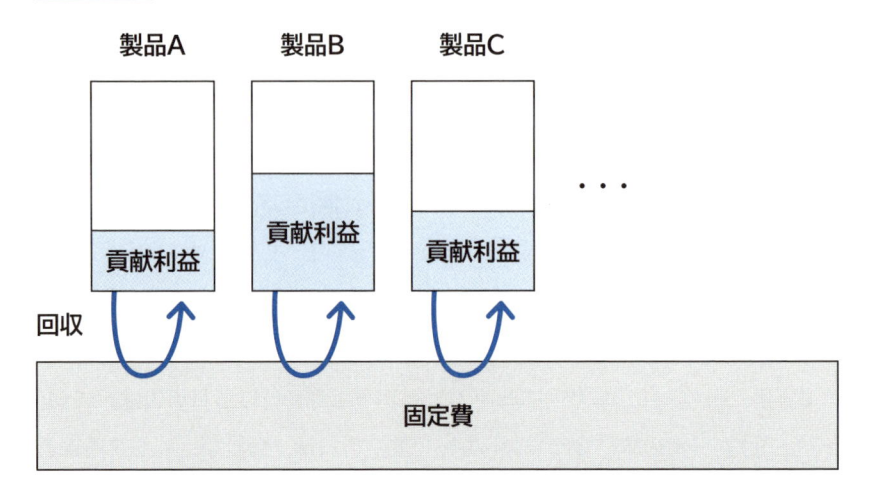

　貢献利益の本来の意味に基づけば，**何らかの費用の回収に貢献する利益はすべて貢献利益**と言えます。したがって，貢献利益と限界利益は同じものではなく，貢献利益の方が広い概念です。一般的に，貢献利益が回収すべき費用が固定費であることが多いので，結果的に貢献利益と限界利益が一致することが多いだけです。

　巷には，限界利益と貢献利益の説明として，さまざまなものが存在します。一番多いのは，「売上高－変動費を限界利益または貢献利益と言う」という説明です。これは，全く同じ概念を指す言葉が単に2つ存在するという説明です。「昔は限界利益と言ったが，今は貢献利益と言う」と説明している人もいます。「限界利益は売上高から変動費を控除したものであるが，貢献利益はそれから

さらに個別固定費を控除したもの」のような説明もあるようです。

　どれも間違いとは言い切れませんが，いずれも表面的な説明に終始していて，本来の意味に立ち返った"定義"にはなっていないと思います。

　冒頭でも申し上げたとおり，言葉は概念そのものです。「限界」という言葉と「貢献」という言葉の背後にある概念を考えると，本節の説明が限界利益と貢献利益の"定義"なのではないかと思っています。

　本節では **37** 以降の準備として，関数の**最大値・最小値**を求める方法をいくつかご紹介します。

　あらゆるケースで使える**万能な方法は微分**です。「**34** 微分」で述べたように，ある関数 $y = f(x)$ の $x = x_0$ における微分係数 $f'(x_0)$ は，グラフ $y = f(x)$ の $x = x_0$ における接線の傾きでした。したがって，$f' = 0$ となる点は **図表2-38** の点Aや点Bのように傾きが水平になっている点ですから，その点においてグラフ $y = f(x)$ の形状が増加から減少に，または減少から増加に転じている可能性があります。

図表2-38

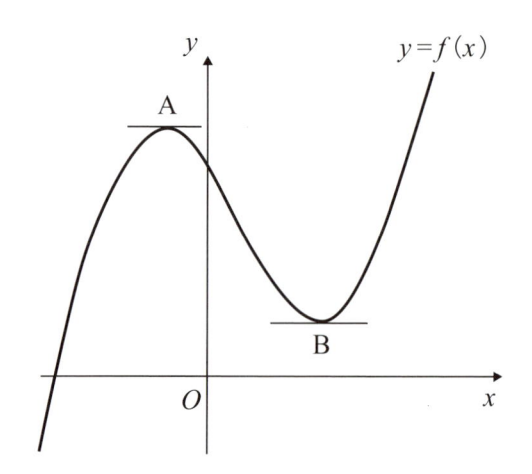

　点Aのように，増加から減少に転じ，周辺より大きくなっている状態を「**極大**」といい，そのときの $f(x)$ の値を「**極大値**」と言います。逆に，点Bのように，減少から増加に転じ，周辺より小さくなっている状態を「**極小**」といい，その

ときの $f(x)$ の値を「極小値」と言います。

　極大値・極小値と最大値・最小値は違います。 図表2-38 の場合，$y=f(x)$ のグラフは上下両方向に無限に伸びていますから，最大値も最小値もありません。極大・極小は，あくまでも局所的な範囲で周囲より大きい・小さいということです。

　もし，図表2-38 において，x が $x>0$ の値しか取らないとすれば，点Bは最小値になります。このように，変数 x の範囲を限定すると，極大値・極小値は最大値・最小値になることがあります。会計の場合，売上高や物量などを変数とすることが多いので，変数 x が $x>0$ の値しか取らないというのはよくあることです。

　さきほど，$f'(x)=0$ となる点は極大または極小となる**可能性がある**と言いました。「可能性」と言ったのは，図表2-39 の点Cのように，グラフが踊り場のようになっているところでも $f'(x)=0$ となるからです。したがって，以下の 例1 のように，$f'(x)=0$ となる点の前後における $f'(x)$ の符号の変化を調べないと，そこが本当に極大または極小となるかは分かりません。

図表2-39

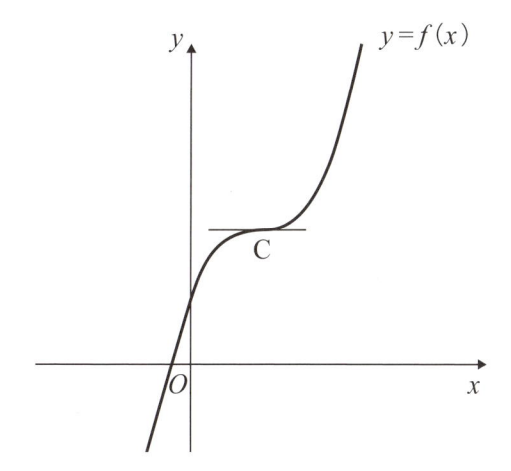

例1　関数 $f(x) = x^3 + 3x^2 - 9x + 3$ の極大値・極小値を求めよ。

解答　$f'(x) = 3x^2 + 6x - 9 = 3(x^2 + 2x - 3) = 3(x + 3)(x - 1)$
なので，$f(x) = 0$ となるのは，$x = -3$，1 のとき。したがって，
$f'(x)$ の符号と，$y = f(x)$ の形状（右上がり・右下がり）は下の表[注]
のようになるので，$x = -3$ のとき極大値 $f(-3) = 30$ を取り，
$x = 1$ のとき極小値 $f(1) = -2$ を取る。

（注）この表を「**増減表**」
と言います。

x	$\cdots$	-3	$\cdots$	1	$\cdots$
$f'(x)$	$+$	0	$-$	0	$+$
$f(x)$	↗		↘		↗

次に，微分を使わずに最大値・最小値を求める方法をご紹介しましょう。

二次関数 $f(x) = ax^2 + bx + c\ (a \neq 0)$ の場合，そのグラフ $y = f(x)$ の
形状は，**$a > 0$ の場合は下に凸の放物線，$a < 0$ の場合は上に凸の放物線**にな
ります。したがって，関数 $y = f(x)$ は，その頂点で最小（$a > 0$ の場合）また
は最大（$a < 0$ の場合）となります。放物線の頂点の座標は，

$$f(x) = a\left(x + \frac{b}{2a}\right)^2 + c - \frac{b^2}{4a}$$

と変形することにより，

$$\left(-\frac{b}{2a},\ c - \frac{b^2}{4a}\right)$$

と分かりますので，関数 $y = f(x)$ は，

$$x = -\frac{b}{2a} \text{ のとき，最小値（} a > 0 \text{ のとき）}$$

$$\text{または最大値（} a < 0 \text{ のとき）}\quad c - \frac{b^2}{4a} \text{ を取る}$$

ことになります。

　ちなみに，

$$f'(x) = 2ax + b$$

ですから，$f'(x) = 0$ となるのは，

$$2ax + b = 0 \quad \therefore x = -\frac{b}{2a}$$

のときです。したがって，微分を使っても二次関数の最大値・最小値は求めることができます。

　最小値を求める方法には，相加平均と相乗平均の関係を使う方法もあります。

　相加平均とは「足して2で割った平均」です。これは最も一般的な平均の取り方です。相乗平均とは「掛けて平方根を取った平均」です。足して2で割ったものを平均と言うなら，掛けて平方根をとったものも平均の1つだろう，ということです。

　平均の対象となる変数がともに正の場合，相加平均と相乗平均には，

相加平均 ≧ 相乗平均

という関係が常に成り立ちます。式で書けば，$x > 0$，$y > 0$ の任意の x，y に対して，

$$\frac{x+y}{2} \geqq \sqrt{xy} \qquad (\text{II-36-①})$$

が常に成り立つということです。式（II-36-①）の左辺が相加平均，右辺が相乗平均です。

　式（II-36-①）は次のようにも書けます。

$$x + y \geqq 2\sqrt{xy} \qquad (\text{II-36-②})$$

これは以下のように簡単に証明できます。

（証明）

$$(x+y)^2 - 4xy = x^2 + 2xy + y^2 - 4xy$$
$$= x^2 - 2xy + y^2$$
$$= (x-y)^2$$
$$\geqq 0 \ (等号成立は x = y \ のとき) \qquad (\text{II}-36-③)$$

ここで，式（II-36-③）の左辺は，

$$(x+y)^2 - 4xy = (x+y+2\sqrt{xy})(x+y-2\sqrt{xy})$$

と因数分解できるので，式（II-36-③）は，

$$\therefore (x+y+2\sqrt{xy})(x+y-2\sqrt{xy}) \geqq 0 \qquad (\text{II}-36-④)$$

ということになります。

$x>0, y>0$ より $x+y+2\sqrt{xy}>0$ なので，式（II-36-④）より，

$$x+y-2\sqrt{xy} \geqq 0$$
$$\therefore x+y \geqq 2\sqrt{xy} \ (等号成立は x = y \ のとき) \ (証明終わり)$$

相加平均・相乗平均の関係を使うと，以下の 例2 のように，分数を含む関数の最小値をスマートに求めることができます。

例2 $x>0$ のとき，以下の関数の最小値を求めよ。

$$f(x) = x + \frac{1}{x}$$

解答 相加平均と相乗平均の関係より，

$$x + \frac{1}{x} \geqq 2\sqrt{x \cdot \frac{1}{x}} = 2 \qquad (\text{II}-36-⑤)$$

等号が成立するのは，

$$x = \frac{1}{x}$$

のとき。$x > 0$ においてこれを解くと，

$$x - \frac{1}{x} = \frac{x^2-1}{x} = \frac{(x+1)(x-1)}{x} = 0$$

$$\therefore x = 1 \qquad\qquad (\text{II} - 36 - ⑥)$$

よって，関数 $f(x)$ は $x = 1$ のとき最小値 $f(1) = 2$ を取る。

　上記解答で，式（II - 36 - ⑤）の等号が成立する x を求めているのは，最小値が本当に存在することを確認するためです。式（II - 36 - ⑤）は，$f(x)$ が 2 以上になるということしか示しておらず，2 になる x が存在するかは保証していません。たとえ $f(x) = 2$ となる x が存在しても，もしそれが $x = -1$ のときだとすると，$x > 0$ という本問の範囲では $f(x) = 2$ とならないので，その場合も $f(x)$ の最小値は 2 だとは言えません。そうでないことを確認しているのです。

　なお，[例 2] も微分を使って解くことができます。

$$f'(x) = 1 - \frac{1}{x^2} = \frac{x^2-1}{x^2} = \frac{(x+1)(x-1)}{x^2}$$

なので，$x > 0$ の範囲では $x = 1$ のとき最小になることが分かります。

　[例 1]，[例 2] とも，二次関数の特徴や相加平均・相乗平均を使わなくても，微分を使えば解けるあたりが，冒頭で"微分は万能な方法"と言った所以です。

合成関数の微分と偏微分
～少々高度だけどこれも次への前提知識

　本節も **38** 以降の準備として，知っておくと便利な微分のテクニックとして，合成関数の微分と偏微分をご紹介します。

1. 合成関数の微分

　合成関数とは，文字通り，関数が複数の関数の合成になっている関数です。式で書くと以下のように表されます。

$$y = f(g(x)) \qquad (\text{II-37-①})$$

　式（II-37-①）は，関数 $g(x)$ は x の関数になっていて，さらに y は関数 $g(x)$ の関数になっているということを表しています。たとえば，

$$y = (3x+1)^2 \qquad (\text{II-37-②})$$

という関数は，

$$\begin{cases} f(x) = x^2 \\ g(x) = 3x+1 \end{cases}$$

の２つの関数からなる合成関数になっています。

　合成関数の微分には以下の便利な公式があります。それを説明するために，式（II-37-①）を，

$$\begin{cases} y = f(z) \\ z = g(x) \end{cases}$$

と分けて書いてみましょう。これは「y は z の関数であり，z は x の関数である」ということを表しています。このとき，x による y の微分は，

$$\frac{dy}{dx} = \frac{dy}{dz} \cdot \frac{dz}{dx} \qquad (\text{II-37-③})$$

と計算できます。

「 34 微分」で述べたように，$\dfrac{dy}{dx}$ は分数式ではなく，これで1つの記号ですが，式（Ⅱ-37-③）は，

$$\frac{dy}{dz} \cdot \frac{dz}{dx} = \frac{dy}{dx}$$

のように，**あたかも分数式のように計算できる**ということです（この辺が数学の不思議なところであり，美しいところでもあります）。

実際に式（Ⅱ-37-②）の関数を x で微分してみましょう。式（Ⅱ-37-②）は，

$$\begin{cases} y = z^2 \\ z = 3x + 1 \end{cases}$$

と表せますから，

$$\begin{aligned} \frac{dy}{dx} &= \frac{dy}{dz} \cdot \frac{dz}{dx} \\ &= 2z \cdot 3 \\ &= 2(3x+1) \cdot 3 \\ &= 6(3x+1) \end{aligned} \qquad (\text{Ⅱ-37-④})$$

となります。感覚的には，**「まず全体で微分して，中身の微分を掛ける」**という感じです。

式（Ⅱ-37-②）の微分は，

$$y = (3x+1)^2 = 9x^2 + 6x + 1$$

と展開してから，

$$\frac{dy}{dx} = 9 \cdot 2x + 6 = 6(3x+1)$$

と計算することもできますが，展開して微分して因数分解をすることになりますから，式（Ⅱ-37-④）のように計算した方がはるかに速くて簡単です。

2. 偏微分

偏微分は，複数の変数を持つ関数を微分する方法です。

たとえば，

$$z = x^2 + 2xy + 2y^2 - 6x + 4y - 1 \qquad (\text{II}-37-⑤)$$

という x と y の2変数関数 z を一気に2つの変数で微分することはできません。そこで，1変数ずつ微分していきます。y を定数とみなして x で微分することを「x で偏微分する」といい，$\dfrac{\partial z}{\partial x}$ と表します。同様に x を定数とみなして y で微分することを「y で偏微分する」といい，$\dfrac{\partial z}{\partial y}$ と表します。∂ は「ラウンド d」などと読みます。

偏微分は，2変数関数の最大値・最小値を求めるときに使える方法です。例えば，式（II-37-⑤）の最小値を求めるために，まず z を x で偏微分したものが0になる条件を求めてみましょう。偏微分のポイントは他の変数はすべて定数とみなすこと，それだけです。

$$\frac{\partial z}{\partial x} = 2x + 2y - 6 = 0 \qquad (\text{II}-37-⑥)$$

y を定数とみなすと，式（II-37-⑤）は下に凸の x の二次関数ですから，式（II-37-⑥）を満たすとき，z は最小となるはずです。

同様に，z を y で偏微分したものが0になる条件を求めてみましょう。

$$\frac{\partial z}{\partial y} = 2x + 4y + 4 = 0 \qquad (\text{II}-37-⑦)$$

x を定数とみなすと，式（II-37-⑤）は下に凸の y の二次関数ですから，式（II-37-⑦）を満たすとき，z は最小となるはずです。

結局，式（II-37-⑥）と式（II-37-⑦）をともに満たす x, y のとき z は最小になります。式（II-37-⑥）と式（II-37-⑦）を x と y の連立方程式として解くと（解法は割愛），$x=8$，$y=-5$ となり，このとき $z=-35$ となります。これが z の最小値です。

厳密なことを言うと，1変数関数と同様に，すべての変数による偏微分が0になったからと言って，そこで最小または最大になるとは限りません。偏微分が0になるのは最小または最大となる必要条件に過ぎませんから，そこが最小または最大なっていることの検証が別途必要です。複数変数になると，その検証は1変数関数のように簡単にはいきませんが，本例のようにxとyのいずれについても下に凸の二次関数になっている場合は，すべての偏微分が0になる点が最小になると考えて差し支えないでしょう。

38 固変分解
～最小二乗法によって固定費と変動費に分ける

　費用を固定費と変動費に分けることを**固変分解**と言います。固変分解には
いろいろな方法がありますが，根底にある基本的な考え方は，売上高と費用の
過去の実績値に基づき，固定費と変動費を推測することです。

　売上高をx，費用をyとして，売上高と費用の過去の複数の実績値を
図表2-40 のようにxy平面にプロットします。そのプロットした各点を近
似する直線$y = a + bx$を何らかの方法で見つけられたとすれば，その直線が
y軸と交わる，いわゆる**y切片**aは，売上高xが0でも発生する費用というこ
とになりますから，それは固定費を意味します。一方，近似直線の**傾き**bは，
売上高xに対する費用の変化率ですから，売上高に対する変動費率を意味し
ます。

図表2-40

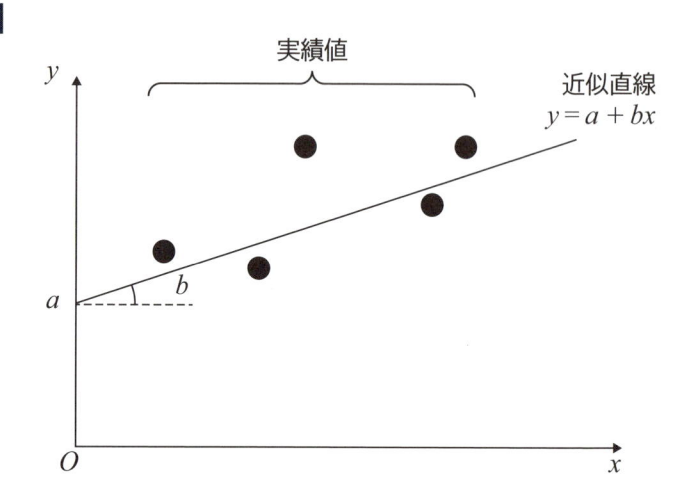

このように，**過去の実績値を直線近似できれば，そのy切片と傾きから固定費と変動費（率）が分かる**というわけです。これが，固変分解の基本的な考え方です。

　この近似直線を数学的に求める方法が**最小二乗法**です。

　今，プロットしたn個の実績値の座標を$(x_i, y_i)$$(i = 1, 2, \cdots\cdots, n)$とし，求める近似直線を

$$y = a + bx$$

とします。ここでは，x_i，y_iはすべて具体的な値$(x_i \geqq 0, \ y_i \geqq 0)$であり，$a$と$b$が求めるべき変数です。

　実績値を最もよく近似する直線とは，実績値の点の最も近いところを通る直線ということですから，数学的にはそれぞれの実績値の点と近似直線との距離の合計が最小になる直線を求めればよさそうです。$x = x_i$のときの実績値と近似直線との距離は，　図表2-41　のように，実績値の点(x_i, y_i)と，$x = x_i$のときの直線上の点$(x_i, a + bx_i)$とのy座標の差$a + bx_i - y_i$として計算できそうです。

図表2-41

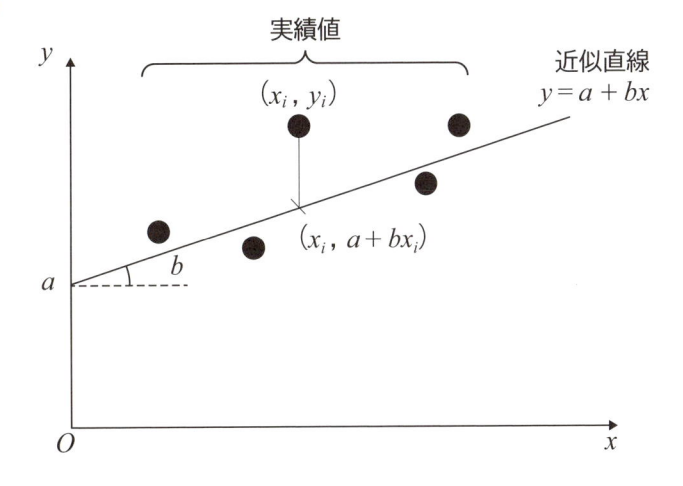

ただ，単純な差だと実績値の点と近似直線との上下関係によってはマイナスになることがあり得るので，それらを単純に合計すると距離の和になりません。そこで，マイナスにならないようにする数学上の工夫として，**各距離を2乗したものの和が最小となる直線を求める**ことにします。「最小二乗法」という名称は，ここから来ています。

　具体的には，以下のzを最小にするaとbを求めます。

$$z = \sum_{i=1}^{n} (a + bx_i - y_i)^2 \qquad (\text{II-38-①})$$

　式（II-38-①）は変数aとbの2変数関数ですので，aとbでそれぞれ偏微分したものが0になる条件を求めます。まず，aで偏微分してみましょう。以下，1行目から2行目は「和の微分は，微分したものの和」という性質を，2行目から3行目は合成関数の微分をそれぞれ使っています。

$$\frac{\partial z}{\partial a} = \frac{\partial}{\partial a} \sum_{i=1}^{n} (a + bx_i - y_i)^2$$

$$= \sum_{i=1}^{n} \frac{\partial}{\partial a} (a + bx_i - y_i)^2$$

$$= \sum_{i=1}^{n} 2(a + bx_i - y_i)$$

$$= 2\left(\sum_{i=1}^{n} a + \sum_{i=1}^{n} bx_i - \sum_{i=1}^{n} y_i \right)$$

$$= 2\left(na + b\sum_{i=1}^{n} x_i - \sum_{i=1}^{n} y_i \right) \qquad (\text{II-38-②})$$

同様に，bで偏微分すると以下のようになります。

$$\frac{\partial z}{\partial b} = \frac{\partial}{\partial b} \sum_{i=1}^{n} (a + bx_i - y_i)^2$$

$$= \sum_{i=1}^{n} \frac{\partial}{\partial b} (a + bx_i - y_i)^2$$

$$= \sum_{i=1}^{n} 2 (a + bx_i - y_i) \cdot x_i$$

$$= \sum_{i=1}^{n} 2 (ax_i + bx_i^2 - x_i y_i)$$

$$= 2 \left(a\sum_{i=1}^{n} x_i + b\sum_{i=1}^{n} x_i^2 - \sum_{i=1}^{n} x_i y_i \right) \qquad (\text{II-38-③})$$

式（II-38-②）と式（II-38-③）がともに0になるのは，

$$\left. \begin{array}{l} na + b\sum_{i=1}^{n} x_i - \sum_{i=1}^{n} y_i = 0 \\[3mm] a\sum_{i=1}^{n} x_i + b\sum_{i=1}^{n} x_i^2 - \sum_{i=1}^{n} x_i y_i = 0 \end{array} \right\} \qquad (\text{II-38-④})$$

を満たすa, bのときです。式（II-38-①）のzは，a, bのいずれに対しても下に凸の二次関数になっているので，「 **37** 合成関数の微分と偏微分」で説明した通り，式（II-38-④）を満たすa, bのときzは最小となります。式（II-38-④）は，aとbの連立方程式になっているので，これを解けばaから固定費，bから変動費率が分かります。

　実務上は，ExcelのLINEST関数などを使えば一発で最小二乗法の結果が得られますので，式（II-38-④）の連立方程式を手計算で解くことはまずないでしょう（何らかの試験で出題されれば手計算でやらざるを得ないですが）。

LINESTはlinear estimationに由来しており，直訳すれば「直線での評価」ということです。内部で動いているアルゴリズムは，ここで説明した最小二乗法です。

最後は，経済的発注量についてお話しします。これも数学的には最大・最小問題です。

経済的発注量とは，商品などの棚卸資産を継続的に発注する場合，年間の総費用が最も小さくなる1回当たりの発注量のことです。英語ではEconomic Order Quantityというので，経済的発注量はEOQとも呼ばれます。

考える上でのポイントは，発注費と保管費がトレードオフの関係にあることにあります。

今，発注1回につき運送費などの発注費が毎回同額かかり，在庫量に比例して保管費がかかるとします。もし，棚卸資産を必要に応じてその都度購入するとすれば，在庫量は極力少なくすることができますから保管費は少なくて済みます。ただし，発注頻度は増えるでしょうから，発注費が多くなってしまいます。

一方，一定量の棚卸資産をまとめて購入すれば，発注頻度が少なくなりますから，発注費は少なくて済みます。ただ，在庫量が多くなるので，保管費が多くなってしまいます。

これが，発注費と保管費がトレードオフの関係にあるということです。どちらかの費用を抑えれば他方が増えるということは，発注費と保管費の合計が最小になる発注量があるはずです。これが経済的発注量（EOQ）です。

ここでは，次のように仮定します。

年間の棚卸資産消費量： $Q\,(>0)$

1回当たり発注費： $p\,(>0)$

1単位当たり年間保管料： $s\,(>0)$ （平均在庫量に比例して発生すると仮定）

1回当たり発注量： $x\,(>0)$

年間総費用： y

まず，年間の発注費ですが，年間の発注回数は，年間の棚卸資産消費量 Q を1回当たり発注量 x で割った $Q\,/\,x$ 回ですから，

$$年間発注費合計 = p\,\frac{Q}{x} = \frac{pQ}{x}$$

となります。

次に保管費ですが，在庫がなくなったらすぐに発注すると仮定すると，在庫量は常時 0 単位から x 単位まで存在することになりますから，平均在庫量は $x\,/\,2$ となります。したがって，

$$年間保管費合計 = s\,\frac{x}{2} = \frac{s}{2}\,x$$

となります。

したがって，年間の総費用 y は，

$$y = \frac{pQ}{x} + \frac{s}{2}\,x \qquad (\text{II-39-①})$$

となります。**式(II-39-①)を最小にする x がEOQです。**

式（II-39-①）の最小値を求める1つ目の方法は微分です。微分は最大・最小問題に対する万能な方法ですので，とにかく微分さえできれば最大・最小問題は大体解けます。

式（II-39-①）を x で微分すると，

$$\frac{dy}{dx} = -\frac{pQ}{x^2} + \frac{s}{2}$$

$$= \frac{-2pQ + sx^2}{2x^2}$$

$$= \frac{s}{2x^2}\left(x^2 - \frac{2pQ}{s}\right)$$

$$= \frac{s}{2x^2}\left(x + \sqrt{\frac{2pQ}{s}}\right)\left(x - \sqrt{\frac{2pQ}{s}}\right)$$

となりますので，$x > 0$においては

$$x = \sqrt{\frac{2pQ}{s}} \qquad\qquad (\text{II} \text{-} 39 \text{-} ②)$$

のとき $\dfrac{dy}{dx} = 0$ となり，その前後で $\dfrac{dy}{dx}$ はマイナスからプラスに転じますので，x が式（II-39-②）のときy は最小となります。すなわち，式（II-39-②）がEOQです。

式（II-39-①）の最小値は，相加平均・相乗平均の関係を用いて，次のように求めることもできます。

$$y = \frac{pQ}{x} + \frac{s}{2}x \geqq 2\sqrt{\frac{pQ}{x} \cdot \frac{s}{2}x} = \sqrt{2psQ} \qquad (\text{II} \text{-} 39 \text{-} ③)$$

式（II-39-③）の等号が成立するのは，

$$\frac{pQ}{x} = \frac{s}{2}x$$

$$\frac{sx^2 - 2pQ}{2x} = 0$$

のときなので，$x > 0$においては

$$x = \sqrt{\frac{2pQ}{s}}$$

となって，式（Ⅱ-39-②）と同じ答えが得られます。この場合は，式（Ⅱ-39-③）からyの最小値が $\sqrt{2psQ}$ であることも容易に分かります。

　資格対策関連の書物等には，導出過程の説明が全くないまま，式（Ⅱ-39-②）だけが書かれているのをよく見かけます。そして，少なからずの人は式（Ⅱ-39-②）を丸暗記し，意味も分からず問題を解いています。

　しかし，上記から分かるように，式（Ⅱ-39-②）は非常に多くの仮定の下で導き出された解ですので，仮定が少しでも変われば，結論は変わってきます。したがって，式（Ⅱ-39-②）だけを暗記するなどというのはナンセンスであり，何の意味もありません。

　導出過程を説明するためには，少なくとも分数関数の微分か，相加平均・相乗平均の関係を使って最小値を求めるという数学的手法を使わなければなりません。読者にそのような数学的な理解を期待することは難しいので，一般的な書物では導出過程は説明していないのかもしれません。さらに言えば，そういう本を書いている著者自身が数学的なことを分かっていない可能性も多分にあります。そうだとすれば，そもそも説明のしようがありません。

　そういう薄っぺらい中身のない説明でやり過ごすのは，そろそろやめにしましょう。重要なことは，誰かが考えてくれた答えを覚えることではなく，目の前にあるさまざまな問題を自ら解決することです。それが出来なければ，能動的に仕事をし，真に価値を生むビジネスパーソンにはなれません。

　自ら問題を解決するためには，数学は教養として身に付けるべき，ビジネスパーソンにとっての基本的素養だと思うのです。

索引

MATH × ACCOUNTING

索 引

索引

用語	掲載頁
次数	102
実効再生産数	123
実効利子率	164
資本	21
資本金	23
資本コスト	83, 137
資本資産価格モデル	137
資本剰余金	23
収益	40
収益認識に関する会計基準（収益認識基準）	45, 46
収支	42
収束	148
従属変数	95
収入	40
重要成功要因	116
取得原価	48
取得原価主義	48
純資産	15, 21
使用価値	56, 134, 168
償却原価	166
償却原価法	163
償却限度額	91
償却保証額	91
償却率	85
正味現在価値	131, 133
正味売却価額	51, 168
常用対数	123
初項	121

索引

	用語	掲載頁
	損金不算入	61
	損失	47, 98
た	ターミナル・バリュー	145
	代金債権	45
	貸借対照表	9, 13, 48
	代入	86, 107
	耐用年数	52, 91
	多項式	116
	他辺	78
	タンジェント	180
	単体	10
ち	調整前償却額	91
	調達資金の使途	15
	頂点	104
	帳簿価額（簿価）	51, 52, 55, 91, 168, 170
て	定額法	85, 124
	低価法	51
	定率法	85, 91, 124
と	導関数	191
	等号	78
	等差数列	85, 121, 124
	投資	33, 131
	投資活動によるキャッシュ・フロー	30, 32
	等比数列	85, 121, 124
	同類項	79
	特別損失	27, 47
	特別利益	27

索引

	用語	掲載頁
	別表	63
	変数	67, 70, 78
	変動費	69, 208
	偏微分	204, 206
ほ	法人	44
	法人税, 住民税及び事業税（法人税等）	28, 59
	放物線	103, 200
	保守主義の原則（保守主義）	39, 51, 56, 58
	保証率	94
ま	マーケット・レート	138
	マイナス	22, 41, 72
	満期保有目的の債券	163
み	未償却残高	52
む	無限	145
よ	余弦定理	183
ら	LINEST関数	211
	ラウンドd（∂）	206
り	リース	120, 159
	リース取引に関する会計基準	159
	利益	12, 28, 41
	利益剰余金	24
	利子率	159, 176
	リスク・フリー・レート	138
	利息法	159
	流動性	19
	量産効果	113
	両辺	78

	用語	掲載頁
れ	RATE関数	161
	連立方程式	107
ろ	路線価	186
わ	y切片	101, 208
	割引率	133
	割引発行	163
	ワン・イヤー・ルール	20

索引

用語	掲載頁
C　COGS（Cost of Goods Sold）	51
CAPM（Capital Asset Pricing Model）	137
CSF（Critical Success Factor）	116
E　EBIT（Earning Before Interest and Tax）	81
EOQ（Economic Order Quantity）	213
EVA（Economic Value Added）	82
F　Fair value	50
I　IRR（Internal Rate of Return）	165
IFRS（International Financial Reporting Standards）	5
K　KFS（Key For Success）	116
KSF（Key Success Factor）	116
M　Management Accounting	2
Managerial Accounting	2
Market value	49
N　NPV（Net Present Value）	133, 170
R　ROIC（Return On Invested Capital）	81
S　Spot value	49
W　WACC（Weighted Average Cost of Capital）	83, 139

※初出の掲載頁あるいは主要な掲載頁を記載しています。

著者紹介

**コンサルタント・
公認会計士**

かね こ とも あき
金子 智朗

東京大学工学部卒業, 同大学院修士課程修了。
日本航空 (株) において情報システムの企画・開発に従事しながら公認会計士試験に合格後, 現PwCコンサルティング等を経て独立。現在, ブライトワイズコンサルティング合同会社代表。
会計とITの専門性を活かしたコンサルティングを中心に, 各種セミナーや企業研修も多数行っている。名古屋商科大学大学院ビジネススクール教授も務める。
『「管理会計の基本」がすべてわかる本 第2版』(秀和システム),
『ケースで学ぶ管理会計』,『理論とケースで学ぶ財務分析』(以上, 同文舘出版),『ストーリーで学ぶ管理会計入門』(Kindle),
『教養としての「会計」入門』(日本実業出版社) など著書多数。

ホームページ https://www.brightwise.jp

オンライン会計事典 https://www.kaikeijiten.com

YouTubeチャンネル 公認会計士・金子智朗　簿記2級講座
〈商業簿記編〉

数学 × 会計

令和6年12月20日　　初版第1刷発行　　　　　　　　　　（著者承認検印省略）
令和7年 1月30日　　初版第2刷発行

Ⓒ　著　者　　　金　子　　智　朗
　　　本文デザイン　　blanc graph
　　　発行所　　　　税 務 研 究 会 出 版 局
　　　　　　　　　週刊「税務通信」「経営財務」発行所
　　　代表者　　　山　根　　　　毅
　　　郵便番号 100-0005
　　　東京都千代田区丸の内 1-8-2 鉄鋼ビルディング
　　　https://www.zeiken.co.jp/

乱丁・落丁の場合は，お取替え致します。　　　　印刷・製本　奥村印刷株式会社

ISBN 978-4-7931-2841-7